Wolfgang Wallenta

Augsburg & Habsburg

Bronzestatue des Kaiser Augustus vom gleichnamigen Brunnen auf dem Rathausplatz

Wolfgang Wallenta

Augsburg & Habsburg

Geld | Macht | Staat

Inhalt

Zu diesem Buch	7
Glückhafter Aufstieg ◆ König Rudolf I. und die Reichsstadt Augsburg	9
Im Visier der Macht ◆ Kaiser Friedrich III., die Reichsstadt und die Bischöfe	15
„Der Bürgermeister von Augsburg" ◆ Das Zeitalter Maximilians I.	21
Imperialer Glanz und tiefe Demütigung ◆ Kaiser Karl V.	41
Philippine Welser, die bürgerliche Schwiegertochter ◆ Kaiser Ferdinand I.	56
Allmähliche Entfremdung ◆ Kaiser Maximilian II.	59
Die Türken, die Kunst und das Geld ◆ Kaiser Rudolf II.	61
Im Würgegriff der Intoleranz ◆ Kaiser Ferdinand II.	69
Letzte Blüte ◆ Diplomatie, Geld und Kriege	71
Zeittafel	86
Wichtige „Habsburger-Orte" in Augsburg	88
Weiterführende Literatur	89
Abbildungsnachweis	Umschlag Innenseite

Zu diesem Buch

Seit dem Mittelalter gab es enge Beziehungen zwischen dem Herrscherhaus der Habsburger und Augsburg. Mit dem Augsburger Hoftag 1282 wurde gleichsam die Grundlage für die Entstehung des Staates gelegt, der als „Donaumonarchie" bis 1918 bestehen sollte.

Augsburg war über 150 Jahre lang, vom Ende des 15. Jahrhunderts bis zum Beginn des Dreißigjährigen Krieges, ein europäisches Zentrum von Wirtschaft, Kunst und Politik. Der beeindruckende Aufstieg der schwäbischen Stadt hing entscheidend damit zusammen, dass es in jener Zeit enge Kontakte vielfältiger Art zwischen Augsburg und den Habsburgern gab. Den Aufstieg dieser Familie zu einer der mächtigsten Dynastien Europas im späten Mittelalter verdanken die Habsburger zu einem guten Teil dem Geld der Augsburger Handelshäuser, die die politischen Projekte und die Kriege der Habsburger maßgeblich finanzierten. Im Gegenzug dazu erhielten die Augsburger Kaufleute von den Habsburgern weitreichende Handelsrechte und andere Privilegien. Dies ermöglichte es den Handelsherrn vom Lech, die damalige Welt ab dem 15. Jahrhundert mit engmaschigen Handelsnetzen zu überziehen. Eine „Win-win-Situation" war geboren, die im Zusammenspiel die Fugger und Welser – um nur die wichtigsten Handelshäuser zu nennen – und die Habsburger gleichermaßen groß machen sollte. Eine Folge dieses Zusammenspiels war auch, dass in Augsburg im 16. Jahrhundert durch und mit den Habsburgern Weltpolitik geschrieben wurde. Nicht verschwiegen wird dabei aber, dass es im Verhältnis „Augsburg – Habsburg" auch dunkle Seiten gegeben hat. Nicht alles im Verhältnis der Protagonisten zueinander war eine Erfolgsgeschichte.

Augsburger Künstler und Kunsthandwerker trugen durch ihre Arbeiten zum Ruhm des Hauses Habsburg bei. Durch die Reichstage, die die Habsburger im 15. und 16. Jahrhundert in Augsburg abhielten, wurde die Stadt am Lech zu einem Hauptort europäischer Politik, von Besuchern aus aller Herren Länder wegen ihrer Pracht und ihres Reichtums bestaunt.

links: Der kaiserliche Doppeladler mit habsburgischem Brustschild über dem Augsburger Stadtwappen.

Frontispiz des von Hans Jakob Fugger gestifteten „Ehrenspiegel des Hauses Österreich" mit Illustrationen aus der Nachfolge von Jörg Breu d. J., Augsburg 1555

Dieses Buch stellt die Grundzüge der Beziehungen zwischen Augsburg und Habsburg vom 13. bis zum 19. Jahrhundert vor. Der Schwerpunkt liegt dabei auf dem 16. Jahrhundert, dem Zeitalter der Renaissance. Dieses Jahrhundert war die Blütezeit sowohl Augsburgs als auch der habsburgischen Kaisermacht.

Über diese Glanzzeit hinaus skizziert das Buch aber auch nachfolgende Epochen, die ebenfalls von engen Beziehungen Augsburgs zu den Habsburgern und umgekehrt geprägt waren.

Ergänzt wird die Darstellung durch eine Zeittafel, eine kurze Übersicht über wichtige „Habsburgorte" in Augsburg sowie eine Liste mit weiterführender Literatur zum Thema. Zahlreiche Abbildungen unterstützen den Informationsgehalt des Buches.

rechts: Die Habsburg im Aargau

folgende Doppelseite: König Rudolf von Habsburg belehnt seine Söhne auf dem Hoftag zu Augsburg 1282 und begründet damit die jahrhundertelange Herrschaft der Habsburger in Österreich

Glückhafter Aufstieg
König Rudolf I. und die Reichsstadt Augsburg

Die Habsburg im heutigen Schweizer Kanton Aargau gab einem Adelsgeschlecht seinen Namen, das über Jahrhunderte die deutsche, europäische und Weltgeschichte prägte. Der Aufstieg der Dynastie begann damit, dass Graf Rudolf von Habsburg (1218–1291) im Jahr 1273 von den Kurfürsten des römisch-deutschen Reiches zum König gewählt wurde. Ein mächtiger Gegenspieler Rudolfs im Reich war König Ottokar von Böhmen (um 1232–1278), Herrscher über einen gewaltigen Länderkomplex, der vom Erzgebirge bis zur Adria reichte.

Der Konflikt zwischen Rudolf I. und Ottokar fand seinen Höhepunkt in der Schlacht von Dürnkrut 1278, in der Ottokar vernichtend geschlagen wurde und sein Leben verlor.

Auf einem Hoftag in Augsburg belehnte Rudolf am 27. Dezember 1282 seine Söhne Albrecht (1255–1308) und Rudolf (1270–1290) mit den ehemals von Ottokar beherrschten Herzogtümern Österreich, Steiermark, Krain und der Windischen Mark. Dadurch verschob sich der Machtschwerpunkt der Habsburger von der Schweiz und dem Elsass, wo sie große Ländereien besaßen, hin zum Südosten des Reiches, quasi vom Rhein zur Donau.

Der Aufstieg zu einer bedeutenden Dynastie im Wettbewerb der europäischen Mächte nahm durch den Augsburger Hoftag 1282 seinen Anfang. Die Stadt, in der dieser Hoftag stattfand, gehörte zu den ältesten Städten in Mitteleuropa. Kaiser Augustus (63 v. Chr. – 14 n. Chr.) ließ 15 v. Chr. einen Militärstützpunkt anlegen, aus dem sich im Lauf der Zeit eine bedeutende Stadt mit dem Namen „Augusta Vindelicorum" entwickelte, die schließlich zur Hauptstadt der römischen Provinz Rätien wurde. Im Stadtnamen „Augsburg" ist Kaiser Augustus bis heute präsent und damit auch die Erinnerung an die römische Vergangenheit der Stadt am Lech.

König Rudolf I. spielt in der Geschichte Augsburgs eine bedeutende Rolle. Der eigentliche Stadtherr Augsburgs im Mittelalter war der Bischof, allerdings gab es im Lauf der Jahrhunderte immer wieder Konflikte in Rechtsfragen und Herrschafts-

kompetenzen zwischen den Bürgern der Stadt und dem Bischof. Der König erlaubte den Augsburger Bürgern 1276, ein „Stadtrechtsbuch" anzulegen. Dieses gewährte ihnen weitreichende Rechte und bedeutete letztlich die Befreiung der Stadt von der bischöflichen Oberherrschaft. Der Aufstieg Augsburgs zur Reichsstadt war damit grundgelegt. Bischof und Domkapitel erkannten die Bestimmungen des Stadtrechtsbuches an.

Rudolf I. handelte 1276 nicht aus purer Zuneigung für die Augsburger Bürger, sondern weil er mit der Erlaubnis der Anlage eines Stadtrechtsbuches eine Schuld bezahlte, die er bei den reichen Augsburgern hatte, die damals bereits Handel mit Städten wie Venedig trieben. Geld und Schulden werden auch in den nächsten Jahrhunderten bestimmende Bindeglieder in den Beziehungen zwischen Augsburg und Habsburg sein.

Beinahe zeitgleich hatte somit in den Jahren 1276 und 1278/1282 der Aufstieg der Reichsstadt und der Herrscherdynastie begonnen.

Nach dem Tod König Rudolfs I. 1291 gelang es den Habsburgern nicht, die Königswürde dauerhaft innezuhaben. Andere Dynastien wie die Wittelsbacher oder die Luxemburger herrschten im 14. und 15. Jahrhundert als Könige und Kaiser im Reich.

Mit König Albrecht II. (1397–1439) begann dann 1438 allerdings die beinahe ununterbrochene Zeit der Habsburger als deutsche Könige und Kaiser bis zum Ende des Alten Reiches 1806.

Unter seinem Nachfolger Friedrich III. (1415–1493) verdichteten sich die Beziehungen zwischen Habsburg und Augsburg erneut, und diesmal dauerhaft.

Das Augsburger Stadtrechtsbuch aus dem Jahr 1276, original Pergamenthandschrift im Stadtarchiv

In nomine domini amen.

Div gnade vnde div minne des almæhtigen gotes si mit allen gotes getriwen amen. Wante elliv dinch vnde div geschæfde div die livte warbent dicke vergazzen werdent vnde ouch verderbent, da von so ist not swaz man wirbet daz man daz guter gehvgnvsse enphælhe mit der schrift daz ez stæte belibe. Dar vber tvn chvnt die ratgæben die ze den ziten ratgæben waren ze ausrurch. do von gotes gebvrte waren tusent iar zwai hvndert iar sehs vnde sibenzic iar vnde bi kvnch Rv-

dolfes ræhticheit ze vnserm herren kvnch Rudolfe chomen vnde im fvr leiten vmbe sogetanen gebræsten vnde vmbe elliv div ræht div disiv stat ze auspurch von alten ziten bi kaisern bi kvnigen vnde bi bisschofen her braht hete. ez si an des vogtes ræhte oder an burggrafen oder an der mvnze oder an zollen vnde eins ieglichen biderben mannes reht er si arm oder riche. Da begnate vns vnser herre kvnch Rudolf mit vnde bechante vns vnsere ræhte vnde gab vns dar vber sinen brief versigelten mit sinem insigel vn mit vnsers herren Bisschof Hartmannes willen der do bisschof

Im Visier der Macht
Kaiser Friedrich III., die Reichsstadt und die Bischöfe

Nachdem die Wahl Friedrichs in Augsburg bekannt geworden war, veranstaltete die Stadt zu Ehren des neuen Königs im Mai 1440 ein großes Schützenfest, zu dem Vertreter aus allen wichtigen Städten Oberdeutschlands eingeladen wurden. Friedrich III., der ständig in Geldsorgen war, erkannte die Wirtschaftskraft der aufstrebenden Stadt und schenkte ihr seine besondere Aufmerksamkeit. Im April 1442 besuchte er Augsburg und wohnte im Haus des damals reichsten Bürgers der Stadt, Peter Egen (um 1413–1452). Der Kaufmann und Politiker wurde vom König geadelt und durfte sich nun Peter von Argon nennen.

Während Augsburg im Spätmittelalter reichspolitisch keine besondere Rolle gespielt hatte, änderte sich dies unter der Herrschaft Kaiser Friedrichs und seiner Nachfolger. Zur Zeit des Regierungsbeginns Friedrichs III. hatte Augsburg noch nicht die große wirtschaftliche Bedeutung wie am Ende seiner langen Regierungszeit, die über ein halbes Jahrhundert währte. Während die Stadt in der Mitte des 15. Jahrhunderts vergleichbare Zentren wie Basel, Ulm oder Wien noch nicht an Wirtschaftskraft übertroffen hatte, änderte sich dies in der zweiten Hälfte des 15. Jahrhunderts deutlich. Durch die Gründung und die Aktivitäten von Handelshäusern wie die der Welser, Fugger, Rehlinger, Gossembrot, Herwart, Meuting oder Höchstetter, um nur die wichtigsten zu nennen, gab es eine dynamische Wirtschaftsentwicklung, die dazu führte, dass Augsburg am Ende des 15. und zu Beginn des 16. Jahrhunderts zu einem der bedeutendsten Handels- und Finanzplätze Europas wurde. Diese Entwicklung hatte Friedrich III. erkannt und der Stadt einen wichtigen Platz in seinem Herrschaftssystem zugewiesen. Seit dem Ende des 15. Jahrhunderts wurde Augsburg aufgrund der politischen Aktivitäten Friedrichs und seines Sohnes Maximilian (1459–1519) durch zahlreiche Reichstage zu einem Zentrum der Reichspolitik. Geld und Macht waren eine für beide Seiten fruchtbringende Verbindung eingegangen. Augsburg war im 15. Jahrhundert reich geworden durch die Textilproduktion und

Kaiser Friedrich III. mit der Habsburger Devise „A. E. I. O. U.", die auf vielfältige Weise gedeutet werden kann. Augsburger Prunk-Handschrift mit Bildern von Jörg Breu d.J., 1541

den Handel mit Textilien. Eine zentrale Rolle spielte dabei die Herstellung und der Vertrieb von Barchent, einem Mischgewebe aus Leinen und Baumwolle, das von tausenden kleinen Webermeisterbetrieben hergestellt wurde. Die Baumwolle für den Stoff musste aus Venedig eingeführt werden, weshalb gute Handelsbeziehungen zur Königin der Adria von entscheidender Bedeutung für das wirtschaftliche Aufblühen Augsburgs waren. Die Großkaufleute in der Oberstadt verkauften den Barchentstoff in viele Länder Europas, so sammelte sich großer Reichtum in der Stadt an. Friedrich III., dessen Herrschaftsdevise A.E.I.O.U. war (Austriae est imperare orbi universo, später u.a. übersetzt mit: Alles Erdreich ist Österreich untertan), wollte diesen Reichtum Augsburgs für seine politischen Pläne nutzen.

Jedoch nicht nur Barchent war für die Augsburger Wirtschaft wichtig, sondern auch das Silber, das seit den 1420er Jahren in Tirol abgebaut wurde. Schnell stiegen Augsburger Kaufleute in das Silbergeschäft ein. Die Augsburger Handelsgesellschaft der Meuting gewährte 1456 dem Tiroler Erzherzog Sigismund (1427–1496), einem Vetter Friedrichs III., ein Darlehen von 35.000 Gulden gegen Überlassung eines bestimmten Anteils der Silberausbeute.

Montangeschäfte, der Abbau und der Handel mit Erzen, wurden so zu einem weiteren wirtschaftlichen Standbein der Augsburger Kaufleute.

Augsburg war seit urdenklichen Zeiten auch Sitz eines Bischofs gewesen. Die Augsburger Bischöfe waren Fürstbischöfe. Das heißt, sie waren nicht nur geistliche Oberhirten, sondern herrschten als Fürsten auch über ein weltliches Territorium. Wie andere Fürsten auch, waren sie immer an der Mehrung ihrer Macht interessiert. So kam es, dass die Markgrafschaft Burgau, im Westen Augsburgs gelegen und seit 1301 zum habsburgischen Machtbereich gehörend, von 1498 bis 1559 im Pfandbesitz der Augsburger Bischöfe war. Ein Habsburger, der spätere Erzherzog von Tirol Sigismund Franz (1630–1665), war sogar von 1646 bis 1665 Fürstbischof von Augsburg. Diese hohen geistlichen Herren waren meist

Kaiser Friedrich III. Gemälde, Hans Burgkmair d. Ä.

hervorragend gebildete Juristen mit großer politischer Erfahrung. Dies machte sich Kaiser Friedrich III. zunutze, indem er seit seinem Herrschaftsbeginn Augsburger Bischöfe für diplomatische Dienste einsetzte, ebenso wie später sein Sohn Maximilian.

Als dieser im März 1459 geboren wurde, schickte Friedrich III. Boten nach Augsburg, die dort die Geburt des Prinzen vermelden sollten. Eine solche Ehre wurde nur ausgewählten Städten zuteil und zeigt die Bedeutung Augsburgs für den König. Dass der König der Stadt aber nicht immer wohlgesonnen war, zeigt eine Strafe von 13.000 Gulden aus dem Jahr 1456 für die Reichsstadt, weil Augsburg kein Privileg seines Vorgängers, König Albrechts II., zur Ausweisung der Juden aus der Stadt vorweisen konnte. 1438 hatte die Reichsstadt beschlossen, die Juden aus der Stadt auszuweisen, was 1439 von König Albrecht II. bestätigt worden war. Diese königliche Bestätigung war offenbar verloren gegangen, weshalb Friedrich III. die Stadt mit dieser hohen Summe bestrafte.

Kaiser Friedrich III. förderte das Wirtschaftsleben von Augsburg. Dazu gehörte zum Beispiel, dass er in einem Privileg des Jahres 1462 der Stadt erlaubte, so viele Kanäle vom Lech, dem großen Gebirgsfluss im Osten der Stadt, abzuleiten, wie sie benötigen würde. Die Lechkanäle waren auch deswegen von enormer wirtschaftlicher Bedeutung, weil mit ihnen die Wasserräder der Handwerker angetrieben werden konnten. Die Wasserkraft war die wichtigste Energiequelle Augsburgs vor der Einführung des elektrischen Stroms im 19. und 20. Jahrhundert und ein Grund für den wirtschaftlichen Aufstieg Augsburgs seit dem Spätmittelalter.

Augsburg war also im Fokus Friedrichs, der 1462 als letzter Habsburger in Rom zum Kaiser gekrönt worden war. Das Heilige Römische Reich, über das Friedrich III. herrschte, hatte keine feste Hauptstadt. Wichtige politische Entscheidungen wurden auf so genannten Reichstagen getroffen, die in unregelmäßigen Abständen in verschiedenen Reichsstädten abgehalten wurden. Für das Jahr 1473 schrieb der Kaiser einen Reichstag nach Augsburg aus. Friedrich ritt mit großem Gefolge und seinem 14-jährigen Sohn Maximilian in Augsburg ein. Von dort wollte er zu Herzog Karl dem Kühnen (1433–1477) nach Trier reisen, um dort Heiratsverhandlungen aufzunehmen. Er wollte eine eheliche Verbindung zwischen Maximilian und Karls Tochter Maria (1457–1482) aushandeln. Doch der Aufzug der Habsburger und ihres Gefolges war nicht standesgemäß kaiserlich, sondern eher schäbig und wenig prächtig. Ulrich (1441–1510) und Georg Fugger (1453–1506), die Leiter des Fugger'schen Handelshauses, statteten auf eigene Kosten Friedrich, Maximilian und das ganze Gefolge mit kostbaren Gewändern aus. Der Kaiser revanchierte sich am 9. Juni 1473 bei den Fuggern zum Dank mit der Verleihung eines Wappens, des legendären „Lilienwappens". Durch diesen Kontakt zwischen Friedrich III. und dem Handelshaus der Fugger war 1473 eine Verbindung hergestellt worden, die für beide Seiten und auch die Stadt Augsburg von folgenreicher Bedeutung war.

Gotischer Wappenstein mit dem Lilienwappen der Fugger

Die Heiratsverhandlungen zwischen dem Haus Habsburg und dem Burgunderherzog scheiterten, schließlich kam es sogar zum Reichskrieg zwischen Kaiser Friedrich III. und Herzog Karl dem Kühnen von Burgund. Die Stadt Augsburg schickte 1475 auf Befehl Friedrichs 500 Fußsoldaten, 100 Reiter, 50 Hakenschützen und drei Geschütze zum kaiserlichen Heer, dazu verlangte er von den Bürgern 18.000 Gulden für die Kosten des Feldzugs. Die Augsburger spürten, dass das Wohlwollen eines Kaisers nicht billig zu haben war. Der Kaiser konnte sich in Krisenfällen auf seine Augsburger verlassen. Ein Beispiel: Als er 1485 von dem ungarischen König Matthias Corvinus (1443–1490) aus Wien vertrieben worden war, rettete er sich nach Augsburg und lieh sich vom Rat der Stadt 6.000 Gulden, um seinerseits die Ungarn wieder aus Wien zu vertreiben, was aber nicht gelang. Erst 1490, nach dem Tod des ungarischen Königs, gehörte Wien wieder zum habsburgischen Machtbereich.

In dergleichen Habit hat Kayser Maximilian hochloblicher gedechtnuis, sein
verlobten Gemahel das frewlein von Burgund erstlich besucht.

"Der Bürgermeister von Augsburg"
Das Zeitalter Maximilians I.

Geradezu ein Markenzeichen des Hauses Habsburg auf dem Weg zur Weltmacht war die erfolgreiche Heiratspolitik der Dynastie.

Nach dem Schlachtentod Karls des Kühnen 1477 kam es schließlich doch noch zur Hochzeit zwischen dem jungen Maximilian und Maria, der Tochter des Burgunderherzogs. Die Ehe war sehr glücklich. Doch schon 1482 starb Maria an den Folgen eines Reitunfalls.

Maximilian hatte die reichste und begehrteste Braut Europas geheiratet, die den größten Teil des Herzogtums Burgund in die Ehe und damit unter die Herrschaft Habsburgs brachte. Der Machtzuwachs war enorm, doch die Städte in Burgund standen Maximilian ablehnend gegenüber; 1488 wurde der junge Fürst sogar drei Monate lang in Brügge in Haft gehalten. Ein Heer seines Vaters befreite ihn aus dieser misslichen Lage.

Friedrich setzte es durch, dass sein Sohn sein Nachfolger wurde. Maximilian wurde noch zu Lebzeiten Friedrichs 1486 zum König gewählt und übernahm nach dem Tod seines Vaters 1493 die Herrschaft im Reich.

Hatte Friedrich III. schon ein enges Verhältnis zu Augsburg gepflegt, stieg die schwäbische Stadt unter Maximilian I. zu einer Art "heimlicher Hauptstadt" des Reiches auf. Maximilian hatte Großes vor mit Augsburg, er hegte ehrgeizige Pläne. So sollte eine Universität gegründet werden, das Projekt wurde aber nicht ausgeführt. Die Universität hätte an das damalige Dominikanerkloster St. Magdalena angeschlossen werden sollen. Den Neubau der Klosterkirche von 1512 bis 1515 unterstützte, neben vielen Augsburger Bürgern, auch Maximilian mit einer großen Summe Geldes. In der Klosterkirche, einem beeindruckenden Bau im Übergang von der Gotik zur Renaissance, finden sich die einzigen Denkmale, die zu Lebzeiten Kaiser Maximilians zu seinem "Gedechtnus", seinem Andenken, in Augsburg entstanden sind, die vier "Gulden Stain". Diese vier vergoldeten und bemalten Sandsteinreliefs preisen Maximilian, seinen Sohn Philipp (1478–1506) und dessen Söhne Karl

links: Maximilian und Maria von Burgund

folgende Doppelseite: Die Stadt Augsburg in der Schedelschen Weltchronik

(1500–1558) und Ferdinand (1503–1564) als bedeutende Herrscher.

Augsburg war für Maximilian auch ein Ort der Feste und Feiern. Trotz des frühen Todes seiner Frau war Maximilian ein lebenslustiger Mann. Bei seinen Aufenthalten in Augsburg liebte der Kaiser Musik, Tanz und die Gegenwart schöner Frauen aus allen Ständen. Als er 1490 Augsburg besuchte, wurde ihm zu Ehren im Tanzhaus ein Geschlechtertanz veranstaltet. Die vornehmsten Familien, Geschlechter genannt, tanzten dabei zu den Klängen der berühmten Augsburger Stadtpfeifer, die Maximilian gelegentlich nach Innsbruck in seine Residenz einlud.

Maximilian war das, was man heute einen Medienprofi nennen würde. Er nutze die neuen Medien seiner Zeit – Buchdruck, Kupferstich und Holzschnitt –, um aller Welt zu zeigen, welch bedeutender Herrscher er wäre, wie weit der Stammbaum seiner Familie zurückreichte und mit welchen Berühmtheiten der Geschichte er verwandt wäre. Selbststilisierung und die Darstellung seiner Macht beherrschte er perfekt. So nahm er 1492 an der Beisetzung der wiederaufgefundenen Gebeine des heiligen Simpert, gestorben 807, in der Klosterkirche St. Ulrich und Afra der Benediktiner teil, weil er der Ansicht war, dass Bischof Simpert, ein Verwandter Kaiser Karls des Großen, zu seinen Vorfahren gehören würde.

Auch den heiligen Bischof Ulrich (890–973) zählte er zu seinen Vorfahren, weshalb er zu dem Reichskloster St. Ulrich und Afra ein besonders enges Verhältnis hatte. Um seine Verbundenheit mit dem Kloster wie mit der Reichsstadt zum Ausdruck zu bringen, plante er, sich vor dem mächtigen Kirchenbau durch ein Reiterdenkmal aus Stein im Stil römisch antiker Imperatoren zu verewigen. Leider wurde das Denkmal nicht realisiert. Der Abt von St. Ulrich und Afra, Konrad Mörlin (um 1452–1510), veruntreute die zur Errichtung des Standbildes vorgesehenen Gelder.

Hans Burgkmairs (1473–1531) Entwurf für das Reiterstandbild zeigt den Kaiser als Ritter und idealen Herrscher. Burgkmair war nur einer von zahlreichen Augs-

Vier „Gulden Stain" zum Andenken an Herrscher aus dem Hause Habsburg in der ehem. Dominikanerkirche St. Magdalena. Hier der Gedenkstein für Maximilian I.

links: Das ehem. Benediktinerstift St. Ulrich und Afra mit den geplanten zwei Türmen

rechts: Entwurf zu einem Reiterstandbild Maximilians I. Federzeichnung, Hans Burgkmair d.Ä., um 1508/09

burger Künstlern, die den Ruhm des Kaisers zu verbreiten hatten. In Augsburg gab es sehr viele berühmte Maler, Bildhauer, Buchdrucker, Komponisten, Formschneider, Goldschmiede, Medailleure, Plattner und andere Künstler und Kunsthandwerker, auf die der Kaiser bei der Verwirklichung seiner Repräsentationsabsichten zurückgreifen konnte.

Augsburg war neben Innsbruck und Brüssel der Ort, an dem der Kaiser die meiste Zeit seines Lebens verbrachte. Der Bischof von Augsburg hatte die Pflicht, den Kaiser während seiner Anwesenheit in der bischöflichen Pfalz standesgemäß unterzubringen, manchmal logierte Maximilian aber auch in der Dompropstei oder in den Häusern reicher Kaufleute. Auf dem Reichstag des Jahres 1500 war auch Bianca Maria Sforza (1472–1510), die zweite Ehefrau Maximilians, zu Gast in Augsburg. 1494 hatte er die Nichte des Mailänder Herzogs Lodovico Sforza (1452–1508) ge-

Friedrich III., Philipp der Schöne, Kaiser Maximilian in einer Augsburger Prunk-Handschrift von Hans Tirol mit Bildern von Jörg Breu d. J., 1547

PHILIPPVS Rex Castellæ Archidux Austriæ &c.

MAXIMILIANVS Romanorum Imperator. Archidux Austriæ. &c.

links: Modell des alten Augsburger Rathauses. Hier fanden alle in in der Stadt abgehaltenen Reichstage statt

rechts: Kaiserin Bianca Maria Sforza. Gemälde, Bernhard Strigel, um 1505/10

heiratet, die die unvorstellbare Summe von 400.000 Dukaten als Mitgift in die Ehe brachte. Die riesige Summe verwendete Maximilian, um seine Kriege zu finanzieren. Eine Gedenktafel beim heutigen Domhotel erinnert an den Aufenthalt der vornehmen Dame in Augsburg. Maximilian wollte ab einer bestimmten Zeit nicht mehr Gast des Bischofs, des Dompropstes oder reicher Bürger sein, wenn er in Augsburg war. Um von dieser Tradition unabhängig zu werden, kaufte er sich im Nordwesten der Augsburger Altstadt ein großes Haus und ließ daneben ein „Harnischhaus" errichten, ein Zeughaus für seine Waffen. Auf dem Weinmarkt, der heutigen Maximilianstraße, besaß der Kaiser ebenfalls ein Zeughaus. Maximilian war ein Waffennarr. Er ließ 1501 in der Stadt eine Geschützgießerei erbauen, in der, neben mehr als hundert Geschützen, auch ein von Maximilian erfundenes Geschütz, das „mortarium", gegossen wurde, das 190 Pfund schwere Kugeln abfeuern und damit die Mauern herkömmlicher Burgen durchbrechen konnte. Am nordöstlichen Rand der Altstadt bei St. Stephan wurde 1503 ein Pulverturm gebaut, in dem die Stadt Pulver für den Kriegsbedarf lagerte. Für die Kriege, die der Kaiser zahlreich führte, ließ er in Augsburg Harnische für seine Soldaten herstellen. Auch für sich selbst ließ der prunksüchtige Kaiser Harnische vom besten Meister seiner Zeit fertigen. Der Augsburger Plattner Lorenz Helmschmied (um 1450–1515) schuf für Maximilian prächtige Rüstungen, die heute noch in den Museen in aller Welt bestaunt werden können. 1491 wurde Helmschmied zum Hofplattner Maximilians ernannt.

Politisch wurde Augsburg unter Maximilian das Zentrum des Reiches. Prächtige Reichstage fanden in Augsburg statt, auf denen der Adel und die Mächtigen aus ganz Deutschland und vielen europäischen Ländern zusammenkamen. In den Jahren 1500, 1503, 1510, 1517 und 1518 hielt Maximilian Reichstage in Augsburg ab. Zum Reichstag 1503 ritt auch der Sohn Maximilians, Erzherzog Philipp der Schöne mit einem Gefolge von 1500 Reitern in Augsburg ein, allein der Tross Philipps umfasste 500 Pferde. Mit dieser Machtdemonstration wollte der zukünftige König von Kastilien dem versammelten Adel Deutschlands und Europas seinen Anspruch als Nachfolger Maximilians vor Augen führen. Die Hofkapellen Maximilians und Philipps, die besten ihrer Zeit, wetteiferten miteinander, Komponisten wie Pierre de la Rue (um 1452–1518), Jakob Obrecht (1457–1505) und Alexander Agricola (ca. 1446–1506) brachten ihre Werke zu Gehör. Auf Reichstagen wurde viel gefeiert und getanzt, der Hauptzweck dieser Veranstaltungen waren jedoch Politik und Diplomatie.

Zu Maximilians Spitzendiplomaten gehörte Matthäus Lang von Wellenburg (1468/69–1540), der aus einer verarmten Augsburger Patrizierfamilie stammte und durch die Förderung des Kaisers eine steile Karriere machte. Lang erwarb 1507 einen Teil des Schlosses Wellenburg, baute es zu einem prächtigen Jagdschloss um und stellte es dem begeisterten Jäger Maximilian zur Verfügung. 1519 wurde Lang Fürsterzbischof von Salzburg.

Matthäus Lang von Wellenburg war einer der wichtigsten Diplomaten Kaiser Maximilians. Federzeichnung, Albrecht Dürer, 1522

Damit der Kaiser zu jeder Tages- und Nachtzeit, unabhängig von den Öffnungs- und Schließzeiten der Stadttore, von seinen Jagdausflügen zurückkehren konnte, wurde 1514 ein eigener Zugang, der „Alte Einlass" in die Stadt geschaffen, auch „Porta Nocturna" genannt. Sie wurde in der Nähe seines Hauses im Nordwesten der Augsburger Altstadt angelegt und galt in ihrer Zeit als technisches Wunderwerk, da sie sich, wie es schien, ohne menschliches Zutun, quasi automatisch, öffnete und schloss.

Augsburg hatte für den Kaiser politisch als Ort der Diplomatie eine wichtige Funktion. Nicht nur Matthäus Lang von Wellenburg war ein kaiserlicher Spitzendiplomat, sondern auch Konrad Peutinger (1465–1547), der als kaiserlicher Rat zu den Stützen der maximilianischen Politik gehörte. Der hochgebildete Jurist, Kunstsammler und Kunstkenner leitete die Augsburger Stadtpolitik über viele Jahrzehnte und diente dem Kaiser in vielen diplomatischen Angelegenheiten. Peutinger war aber nicht nur Ratgeber in politischen Fragen, er beriet den Kaiser auch in Angelegenheiten der Kunst. Er stellte den Kontakt zu Künstlern her, die dann für Maximilian tätig waren, und, was für Maximilian noch wichtiger war, er begleitete inhaltlich und konzeptionell die Kunstprojekte, die die Künstler dann im Auftrag Maximilians zur Verherrlichung seines Ruhmes schufen. So arbeiteten die Augsburger Hans Burgkmair der Ältere, Leonhard Beck (um 1480–1542) zusammen mit Künstlern wie Albrecht Dürer (1471–1528) und Albrecht Altdorfer (1480–1538) an monumentalen Aufträgen, die vom Ruhm des Kaisers künden sollten; so der „Triumphzug", der „Theuerdank", oder der „Weißkunig", um nur die wichtigsten zu nennen. Jost de Negker (um 1485–1544), der wohl bedeutendste Formschneider seiner Zeit, hat mit seinen Mitarbeitern die Holzstöcke für den Druck zu diesen Gedächtnis- und Repräsentationswerken geschnitten. Werke wie der „Theuerdank" oder das „Gebetbuch Kaiser Maximilians" wurden in der Offizin des Buchdruckers Johann Schönsperger des Älteren (um 1455–1521) gedruckt, der 1508

Konrad Peutinger war ein wichtiger politischer Berater Kaiser Maximilians und ein bedeutender Kunstsachverständiger. Tafelbild, Christoph Amberger, 1543

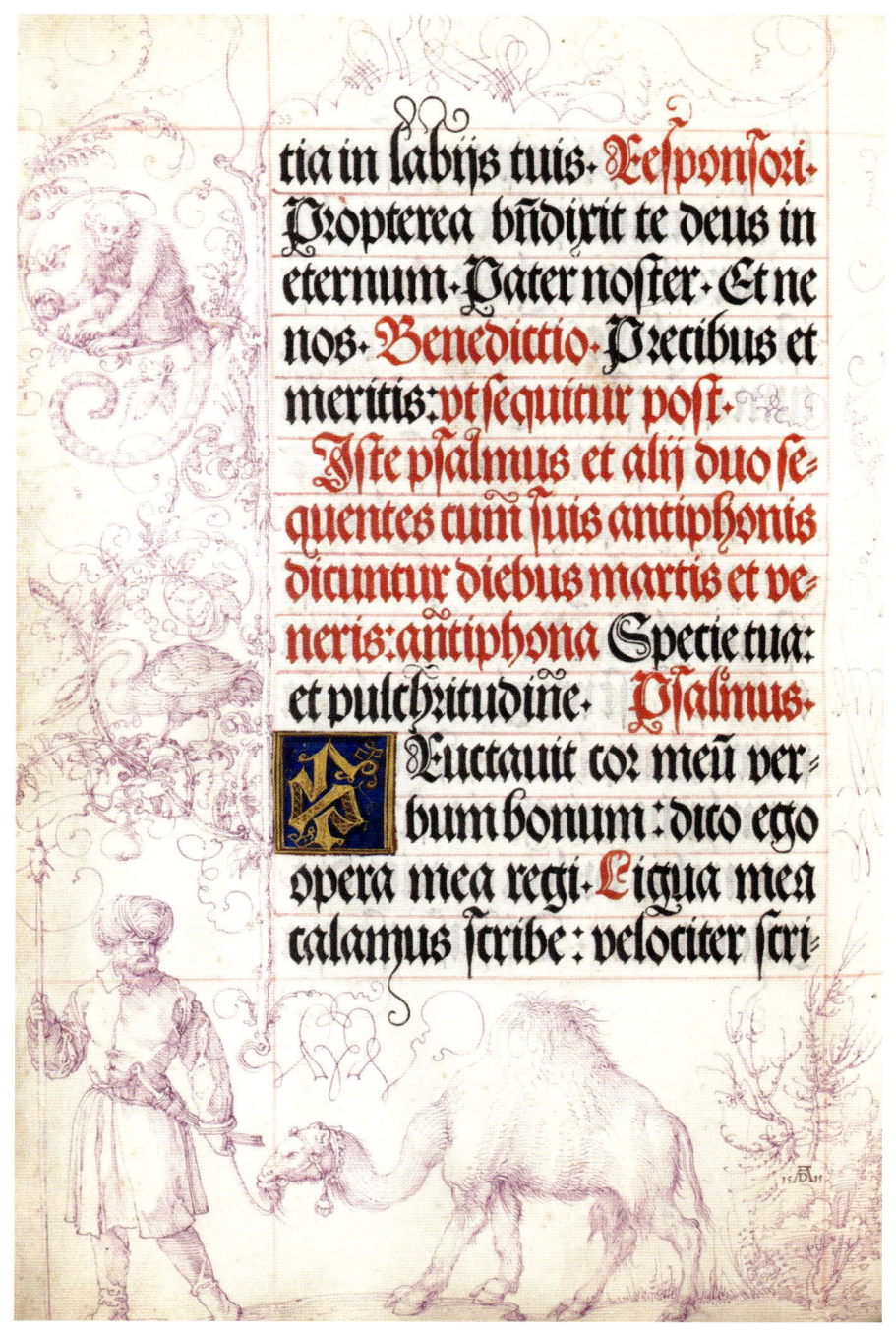

Gebetbuch Maximilians I., gedruckt in der Hofdruckerei Schönsperger in Augsburg, mit Randzeichnungen von Albrecht Dürer aus dem Jahr 1515

rechts: Jakob Fugger der Reiche war der wichtigste Geldgeber Maximilians I. Gemälde, Albrecht Dürer, um 1520

von Maximilian zum Hofbuchdrucker ernannt worden war.

Konnten diese kostbaren Druckwerke nur von Wenigen betrachtet werden, wirkten Künstler für jedermann sichtbar auch im Stadtbild Augsburgs zur Ehre des Hauses Habsburg. Im Auftrag des Stadtrates wurden 1516 die Nord- und Westfassade des Augsburger Rathauses von den Malern Jörg Breu dem Älteren (um 1475–1537), Ulrich Apt (um 1460–1532) und Ulrich Maurmann mit Darstellungen römischer antiker Imperatoren sowie habsburgischer Kaiser bemalt. Das Bildprogramm dafür hatte Konrad Peutinger entworfen.

Besonders zu einem Augsburger unterhielt Kaiser Maximilian einen engen Kontakt, zu dem Kaufmann Jakob Fugger (1459–1525). Der Zufall wollte es, dass der Kaufmann und der König nicht nur im selben Jahr, sondern im selben Monat des Jahres 1459 geboren worden waren, Jakob Fugger am 6. März 1459, Maximilian am 22. März 1459. Jakob Fugger, der junge aufstrebende Kaufmann, hatte 1485 die Innsbrucker Filiale der Handelsgesellschaft übernommen und seitdem sowohl Erzherzog Sigismund als auch Maximilian große Darlehen gewährt. Tirol war für alle großen Augsburger Handelsfirmen von Bedeutung, zum einen als Transitland nach Italien, zum anderen wegen des „Bergsegens". In Tirol gab es ungeheure Mengen an Silber und Kupfer. Durch die Gewährung von Krediten bekam Jakob Fugger, aber auch andere Augsburger Kaufleute, gewinnbringende Abbau- und Vertriebsrechte im Kupfer- und Silbergeschäft. Maximilian, der sich ungeheure Summen von Jakob Fugger zur Finanzierung seiner politischen Projekte lieh, fürchtete berechtigterweise eine gewisse Abhängigkeit von seinem Finanzier. Deswegen baute er den ebenfalls aus Augsburg stammenden Kaufmann Georg Gossembrot (1445–1502) zu einer Art Finanzminister und Gegenspieler zu Jakob Fugger auf. Er entwickelte sich als Finanzberater Maximilians zu einer Gefahr für die geschäftlichen Kontakte Jakob Fuggers. Gossembrot starb 1502 eines plötzlichen Todes, Gerüchte machten die Runde, er wäre vergiftet worden. Nach dem

Kaiser Maximilian I., posthumes Porträt von Albrecht Dürer, 1519

Tod dieses lästigen Konkurrenten stieg Jakob Fugger endgültig zum Hauptfinanzier Maximilians auf.

Maximilian hätte seine Machtpolitik ohne Fuggergeld nicht betreiben können, aber auch der Kaufmann war auf die Unterstützung des Herrschers angewiesen, der ihn immer wieder durch seine Macht vor Intrigen anderer Kaufleute schützte. Dass das Verhältnis Maximilians zur Reichsstadt Augsburg nicht immer eindeutig positiv war, zeigt sich im Streit um den Zugang Augsburger Bürgersöhne zum Domkapitel des Bistums. Seit dem 13. Jahrhundert regelte eine Vorschrift, dass nur Angehörige des Adels Mitglieder des Augsburger Domkapitels werden durften. Diese Domherrnstellen waren mit üppigen Gehältern verbunden. Immer wieder protestierten die Augsburger Kaufleute und Patrizier, die keine Adeligen waren, beim Papst in Rom gegen diese Vorschrift. In den Jahren 1484 bis 1491 gab es wieder Streit um die Besetzung der Augsburger Domherrnstellen. Kaiser Friedrich III. unterstützte die Position der Augsburger Bürger, Maximilian lehnte die Aufnahme von Augsburgern in das Domkapitel ab und setzte sich damit durch. Maximilian hatte ein ambivalentes Verhältnis zu Augsburg. Dass die Sympathien zur Stadt am Lech dabei überwogen, zeigt sich darin, dass er sich gelegentlich als „Bürger" von Augsburg bezeichnete. Im Jahr 1518 kam der Kaiser das letzte Mal nach Augsburg, es ging um die Nachfolge der Habsburger im Kaiseramt. Als der schon von einer todbringenden Krankheit gezeichnete Kaiser im September 1518 Augsburg verließ, soll er sich mit diesen Worten von „seinem" Augsburg verabschiedet haben:

„Nun gesegne Dich Gott, Du liebes Augsburg und alle frommen Bürger darinnen! Wohl haben wir manchen frohen Mut in Dir gehabt, nun werden wir Dich nicht mehr sehen."

Imperialer Glanz und tiefe Demütigung
Kaiser Karl V.

Kaiser Karl V., als junger Mann auf einem am Hut getragenen Medaillon

Nach dem Tod Maximilians im Januar 1519 war es schließlich Geld aus Augsburg, das den Habsburgern das Herrscheramt im Reich gegen die Ambitionen des französischen Königs Franz I. (1494–1547) und des englischen Königs Heinrichs VIII. (1491–1547) sicherte. Diese beiden Könige sowie der junge spanische König Karl I., ein Enkel Kaiser Maximilians, bewarben sich um die Krone des römisch-deutschen Reiches. Die Kurfürsten, die den Nachfolger Maximilians wählten, wollten bestochen sein, um den Richtigen zu wählen. Mit einer Bestechungssumme von fast 852.000 Gulden für die Kurfürsten konnte der junge Habsburger Karl seinen königlichen Konkurrenten ausstechen und wurde schließlich im Juni 1519 zum Reichsoberhaupt gewählt. Zu diesen rund 852.000 Gulden steuerte Jakob Fugger allein 543.585 Gulden bei, Bartholomäus Welser (1484–1561) aus der bedeutenden Augsburger Kaufmannsfamilie der Welser 143.333 Gulden, der Rest – immer noch über 150.000 Gulden – kam von drei italienischen Handelshäusern.

Geld aus Augsburg hatte damit entscheidend dazu beigetragen, Karl zum römisch-deutschen König zu machen. Aus dem jungen spanischen König wurde so Kaiser Karl V., der Herrscher, in dessen Reich die Sonne nie unterging.

Maximilian war der Habsburger, der zu Augsburg den engsten Kontakt pflegte. Bei 57 Aufenthalten als Kronprinz und Herrscher verbrachte er zusammengerechnet drei Jahre, vier Monate und 16 Tage in Augsburg. Unter ihm tagte in Augsburg gelegentlich das Reichskammergericht. Ebenso hatte die berühmte kaiserliche Hofkapelle zeitweilig ihren Sitz in Augsburg. Bedeutende Komponisten wie Heinrich Isaac (um 1450–1517), Paul Hofhaimer (1459–1537) und Ludwig Senfl (1486–1543) waren in dieser Zeit in Augsburg tätig. König Franz I. von Frankreich spottete, Maximilian wäre wegen seiner finanziellen Abhängigkeit vom Augsburger Kapital der „Bürgermeister von Augsburg".

Sein Nachfolger Karl behielt die engen Kontakte zur Stadt am Lech bei, war aber bei seinen Aufenthalten viel distanzierter als sein leutseliger Großvater, der sich gerne an der Schönheit der Augsburger Frauen erfreute.

So wie sein Großvater war auch Karl V. bei der Umsetzung seiner politischen Pläne auf Augsburger Geld angewiesen. Die Habsburger herrschten zwar über ein riesiges Reich – Deutschland, Österreich, Burgund, Spanien, Böhmen, Ungarn, Nord- und Süditalien, Teile Frankreichs und schließlich über die neuentdeckten Gebiete in Amerika mit Ausnahme Brasiliens – doch dieses sehr heterogene Riesenreich hatte noch keine effiziente einheitliche Finanzverwaltung, weswegen Karl, wie sein Großvater, auf das Geld deutscher und italienischer Handelshäuser angewiesen blieb. So war Augsburg immer noch von eminenter Wichtigkeit für Karl V., auch wenn er der Stadt vergleichsweise distanziert gegenüberstand. Die Fugger blieben die Hauptfinanziers der Habsburger. Gelegentlich gab es Meinungsverschiedenheiten in politischen und geschäftlichen Angelegenheiten zwischen Karl V. und Jakob Fugger. In einem Brief aus dem Jahr 1523 machte der Kaufmann aus Augsburg dem jungen Herrn der halben Welt unmissverständlich klar, dass Karl nur durch Fuggergeld seine Machtposition erreicht hätte. So mit einem Habsburger König zu sprechen, wagte nur Jakob Fugger, dessen Großvater noch ein einfacher Webermeister gewesen war.

In der Amtszeit Karls V., der 1530 in Bologna von Papst Clemens VII. (1478–1534)

Einzug Karls V. zum Reichstag 1530 in Augsburg. Holzschnitt, Jörg Breu d. Ä., 1530

aus dem Haus Medici zum Kaiser gekrönt worden war, gab es viele politische Krisen und Umwälzungen. Die bedeutendste dieser Umwälzung war die Reformation, die Spaltung der westlichen Christenheit. Mit dem Thesenanschlag Martin Luthers (1483–1546) im Jahr 1517 in Wittenberg begann die Reformation. Überall im Reich und Europa, auch in Augsburg, fielen die Gedanken des Wittenberger Professors der Theologie auf fruchtbaren Boden, bald waren große Teile des Reiches evangelisch-lutherisch. Kaiser Karl V. konnte sich lange nicht um den Glaubensstreit im Reich kümmern, da er Kriege gegen die Franzosen, die Osmanen und auch den Papst führen musste. Nachdem er alle Feinde niedergeworfen hatte, berief er für das Jahr 1530 einen Reichstag nach Augsburg ein, der zur Klärung der Glaubensfrage im

Übergabe und Verlesung der Confessio Augustana beim Reichstag 1530. Kupferstich, Melchior Küsel, 1655

Reich dienen sollte. Alle Glaubensrichtungen sollten ihre Grundsätze in Schriften zusammenfassen, die dann auf dem Reichstag besprochen werden sollten. So entstand 1530 die Confessio Augustana, die Glaubensartikel der evangelisch-lutherischen Kirche, die Philipp Melanchthon (1497–1560), der Mitstreiter Luthers, in Abstimmung mit dem großen Reformator für diesen Reichstag verfasst hatte.

Am 25. Juni 1530 wurden die Artikel der Confessio Augustana vom sächsischen Kanzler Dr. Christian Beyer (um 1482–1535) vor dem Kaiser im Saal der bischöflichen Pfalz verlesen. Der Kaiser ließ sich erklären, worum es in diesen Artikeln ging. Schließlich befahl er den reformatorischen Gruppen, sie sollten zum römisch-päpstlichen Glauben zurückkehren. Die Bemühungen um die Einheit im Glauben

Anton Fugger war der wichtigste Geldgeber Kaiser Karls V. Tafelbild, Hans Maler, um 1525

waren gescheitert, die westliche Christenheit war seit dieser Zeit gespalten. Die evangelischen Fürsten und Reichsstädte gründeten zur Verteidigung ihrer Position 1531 einen Schutz- und Trutzbund, den Schmalkaldischen Bund.

Auf dem Reichstag 1530, der so wichtig war für die konfessionelle Entwicklung Deutschlands und Europas, wurde nicht nur Konfessionsgeschichte geschrieben. Ferdinand, der Bruder des Kaisers, wurde am 5. September 1530 auf Schloss Wellenburg mit den österreichischen Erblanden belehnt, was ausgiebig gefeiert wurde. Augsburger Goldschmiede fertigten 1531 die Insignien Ferdinands anlässlich seiner Krönung zum römisch-deutschen König – Krone, Szepter und Reichsapfel – an.

So wie Jakob Fugger der Finanzier Kaiser Maximilians gewesen war, wurde Jakobs Neffe Anton (1493–1560) der Finanzier Kaiser Karls V.

Der Feldzug, den Karl V. 1535/36 in Nordafrika gegen die Türken führte, wurde ebenso mit Fuggergeld finanziert wie viele andere militärische Unternehmungen des Habsburgers. Augsburger Bürger, die als Söldner an diesem Afrikafeldzug des Kaisers teilgenommen hatten, wurden mit Ehrenzeichen aus Metall, die man sich um den Hals hängen konnte, belohnt. Flugblätter aus Augsburg trugen die Kunde vom Sieg über die Türken ins ganze Reich. Doch nicht nur die Fugger liehen dem Kaiser Geld, auch die Welser. Schon 1522 hatte Karl V. den Welsern die Konzession für eine Handelsniederlassung in Santo Domingo in der Neuen Welt erteilt, auch der Sklavenhandel gehörte dabei zu den Geschäftsfeldern. 1532 wurden Bartholomäus Welser sowie Franz (1497–1572) und Anton Welser (1451–1518) vom Kaiser in den Adelsstand erhoben. Die Welser hatten überdies bereits 1528 von Karl V. das Recht erhalten, mit ganz Westindien Handel zu treiben, das heutige Venezuela wurde ihnen zur wirtschaftlichen Nutzung überlassen, die Augsburger Welser wurden dadurch quasi zu Kolonialherren in Südamerika.

Die Regierung Augsburgs in dieser Zeit bestand aus einer Koalition zwischen Hand-

Die von den Welsern beauftragten Konquistadoren Philipp von Hutten und Georg Hohermuth in Venezuela

werkszünften und Patriziern, wobei die Handwerker alle wichtigen politischen Positionen in der Stadt besetzten. In der Zeit der Reformation gewannen die Anhänger des Schweizer Reformators Huldrych Zwingli (1484–1531) die Macht im Augsburger Stadtrat. Die Zwinglianer waren es auch, die 1537 den Augsburger Bischof Christoph von Stadion (1478–1543), der als Fürstbischof auch ein Reichsfürst war, ins Exil nach Dillingen an der Donau zwangen. Die Augsburger hatten sich schon 1536 dem Schmalkaldischen Bund angeschlossen, der gegen den Kaiser gerichtet war. Die Zeichen standen auf Krieg. Der Augsburger Stadthauptmann Sebastian Schertlin von Burtenbach (1496–1577) ließ 1545 alle waffenfähigen Augsburger Bürger mustern und im Kriegsdienst unterweisen, es waren 3596 Kämpfer zu Fuß und 470 Reiter. Die Bastionen der Stadt wurden verstärkt, neue gebaut, so etwa die Verteidigungsanlage am Roten Tor im Süden der Stadt.

Der Krieg begann 1546. Die Reichsstadt Augsburg kämpfte auf der Seite der

Schmalkaldener gegen den Kaiser, der der Stadtherr war. Die Stadt Augsburg beging dadurch Verrat an ihrem Kaiser. Anton Fugger wurde von beiden Kriegsparteien gezwungen, der jeweiligen Seite Geld zu leihen. Nach anfänglichen Erfolgen der Evangelischen schlug der Kaiser 1547 mit seiner ganzen Macht zurück. Am 29. Januar 1547 kniete eine Delegation Augsburger Politiker in Ulm vor dem Kaiser nieder und bat um Schonung, der Kaiser hatte nämlich in seinem Zorn über die Augsburger beschlossen, die abtrünnige Stadt vollständig dem Erdboden gleichzumachen. Nach Zahlung von 120.000 Gulden an seine Kriegskasse und die Lieferung von 12 Augsburger Kanonen an das kaiserliche Heer war der Zorn Karls vorerst verflogen, Augsburg war gerettet.

Dass der Kaiser auch in diesen Krisenzeiten in Augsburg immer noch Anhänger hatte, sieht man am Haus des Kaufmanns und kaiserlichen Rates Leonhard Böck von Böckenstein (†1575). Er ließ in den Jahren zwischen 1544 und 1546 ein prächtiges Haus erbauen, das mit Darstellungen habsburgischer Kaiser und Wappen geschmückt wurde. In diesem Haus befindet sich heute das Maximilianmuseum, das Museum der Stadt Augsburg.

Am 24. April 1547 errang der Kaiser bei Mühlberg an der Elbe mit einem von Anton Fugger und dem Papst finanzierten Heer einen grandiosen Sieg über die Truppen des Schmalkaldischen Bundes, der Krieg war zu Ende.

Um mit seinen Gegnern abzurechnen und die Verhältnisse im Reich völlig neu zu ordnen, berief der Kaiser für den Herbst 1547 einen Reichstag nach Augsburg ein.

Hatte sein Großvater Maximilian bei seinen Reichstagen in Augsburg getanzt, gelacht und gescherzt, zog Karl V. 1547 mit seinen spanischen und italienischen Truppen in eine Stadt ein, die ihn verraten und mit seinen Feinden gegen ihn gekämpft hatte. Schwerbewaffnete Söldner des Kaisers bestimmten das Stadtbild, weswegen der Augsburger Reichstag von 1547/48 auch als „Geharnischter Reichstag" in die Geschichte eingegangen ist. Mit dem Kaiser zog 1547 auch der Augsburger Bischof Otto

Kaiser Karl V. als Sieger bei Mühlberg 1547. Vom Malerfürsten Tizian in Augsburg gemaltes Porträt

Kaiser Karl V. als Staatsmann im Lehnstuhl. Von Tizian in Augsburg gemaltes Porträt

Reliefabbildungen der Kaiser Maximilian I. und Karl V. an der Fassade des Maximilianmuseums

Truchseß von Waldburg (1514–1573) in die Stadt ein, zu deren Oberhirte er bereits 1543 gewählt worden war, seine Residenz und Bischofskirche aber erst 1547 nach Entmachtung der Zwinglianer und Evangelischen betreten konnte.

Kaiser Karl V. machte auf dem Geharnischten Reichstag die Zwinglianer und die Evangelischen als Anführer der Rebellion gegen den Herrscher aus. Er beseitigte die bisherige Stadtverfassung, in der sich Handwerker und Patrizier seit 1368 die Macht geteilt hatten. Die Handwerkszünfte wurden 1548 aufgelöst, eine katholisch dominierte Patriziergruppe übernahm fortan die Regierungsgeschäfte in der Stadt. Der Kaiser hatte durchgegriffen und die politischen Verhältnisse in Augsburg völlig neu geregelt. Kein deutscher Herrscher vor ihm hatte so massiv in die Augsburger Angelegenheiten eingegriffen wie Karl V. Im Juni 1548 wurde das „Augsburger Interim" veröffentlicht. Darin forderte der Kaiser ganz Deutschland auf, zum katholischen Glauben zurückzukehren.

Der Kaiser war auf dem Höhepunkt seiner Macht. Eine glanzvolle Demonstration kaiserlicher Macht war die Vergabe der Kurfürstenwürde an Herzog Moritz von Sachsens auf dem Weinmarkt am 24. Februar 1548, dem 48. Geburtstag des Kaisers. Moritz von Sachsen (1521–1553) hatte, obwohl Protestant, Karl V. im Schmalkaldischen Krieg gegen seine Glaubensgenossen unterstützt und wurde deshalb auch der „Judas von Meißen" genannt.

Der Malerfürst Tizian (1490–1576) wurde vom Kaiser von Venedig an die Stadt am Lech befohlen. Tizian sollte den Kaiser in seinen Gemälden als Schlachtensieger und weisen Staatsmann verherrlichen. Die Portraits Karls entstanden im Fuggerstadtpalast, wo der Kaiser seinen Wohnsitz bei Anton Fugger genommen hatte.

In den Jahren von 1550 bis 1551 hielt der Kaiser erneut einen Reichstag in Augsburg ab. Ein Ergebnis dieses Reichstages war die Ausweisung der evangelischen Prediger, Kirchenpfleger und Lehrer. Sie hatten sich schuldig gemacht, dem Interim nicht gehorcht zu haben. Das evangelische Gemeindeleben kam durch diese Maßnahmen zum Erliegen. Eine Stadt, in der die Mehrheit der Bevölkerung protestantisch war, hatte auf Befehl des Kaisers die Repräsentanten der evangelischen Kirche verloren.

Im Reich gärte es. Die evangelischen Fürsten verbündeten sich 1552 mit dem französischen König gegen den Kaiser und rückten mit ihrem Heer nach Süddeutschland vor. Augsburg wurde von den aufständischen Fürsten im Frühjahr 1552 besetzt, das evangelische Gemeindeleben mit mitgebrachten Geistlichen und Lehrern wiederbelebt. Der Kaiser musste vor den Evangelischen fliehen, zuerst nach Innsbruck, dann weiter nach Villach. Diese Flucht war für den Kaiser eine kaum zu verwindende Demütigung.

Von Villach aus gelang es ihm, mit Fuggergeld Truppen zusammenzuziehen und die evangelischen Streitkräfte aus Süddeutschland zurückzudrängen. In Passau wurde im August 1552 nach Verhandlungen Ferdinands, des Bruders des Kaisers, mit den Evangelischen beschlossen, auf einem Reichstag die konfessionellen Probleme im Reich zu lösen.

Dieser Reichstag fand zu Augsburg 1555 statt. Sein wichtigstes Ergebnis war der Augsburger Religionsfrieden vom 25. September 1555. Die Evangelischen und die Katholischen durften nach diesem Frieden in ihren Territorien ihren Glauben frei ausüben. Die Kirchenspaltung war damit beschlossene Sache. Der Religionsfrieden wurde vom kaiserlichen Bruder Ferdinand mit den evangelischen Fürsten und Städten ausgehandelt. Eines der wichtigsten Ziele Karls V., die Einheit der Kirche im Reich und Europa wiederherzustellen, war durch diesen Augsburger Frieden gescheitert. Der Kaiser dankte 1556 ab, ein bis dahin einmaliger Vorgang in der deutschen Geschichte. Das riesige Habsburgerreich wurde geteilt. Sein Sohn Philipp wurde König von Spanien, sein Bruder Ferdinand wurde Kaiser im Reich. Kaiser Karl V. starb am 21. September 1558. Als die Nachricht vom Tod des Kaisers bekannt wurde, ließ Fürstbischof Kardinal Otto Truchseß

Kronhelm aus den Funeralwaffen Kaiser Karls V.
Anton Pfeffenhauser
Augsburg, 1559

von Waldburg am 15. Dezember 1558 einen Gedenkgottesdienst an den verstorbenen Kaiser im Dom abhalten. Wie eng die Beziehungen Kaiser Karls V. zu Augsburg waren, lässt sich an der Trauerfeier ablesen, die König Ferdinand, der Bruder des Kaisers und sein Nachfolger, 1559 im Augsburger Dom mit größtem Aufwand beging. Als Symbole der kaiserlichen Macht mussten in kürzester Zeit zwölf Fahnen mit den Wappen der Gebiete hergestellt werden, über die der Kaiser geherrscht hatte. Des Weiteren mussten Nachbildungen der Reichsinsignien, hier vor allem Szepter, Krone und Reichsapfel, dazu noch Kronhelm, Schwert, Wappenschild und Turnierrock angefertigt werden. All dies wurde im Augsburger Dom in einem „castrum doloris" präsentiert, einem hausförmigen Holzbau in der Mitte des Domes, der mit schwarzen Samt ausgeschlagen war. Im Augsburger Diözesanmuseum werden einige dieser „Funeralwaffen" des „castrum doloris" von 1559 gezeigt.

Wie bereits erwähnt, war mit der Abdankung Karls V. das Reich der Habsburger geteilt worden, Spanien ging an seinen Sohn Philipp. König Philipp II. von Spanien kannte Augsburg gut. Schon bevor er selbst die prächtige Stadt am Lech besucht hatte, konnte er sich von der Leistungsfähigkeit der Augsburger Plattner ein Bild machen. Sein Vater hatte für den jungen Prinzen 1544 bei dem berühmten Plattner Desiderius Helmschmid (1513–1579) einen prächtigen Reiterharnisch fertigen lassen, der heute im Kunsthistorischen Museum in Wien zu bewundern ist. Philipp kam auf einer Reise von Genua nach Brüssel 1549 für wenige Tage zum ersten Mal nach Augsburg. Auf dem Reichstag 1550/1551 hat er dann fast ein Jahr in Augsburg verbracht. Die Sitten, hier vor allem die Trinksitten der Deutschen, waren ihm, dem asketischen, frommen jungen Mann, zuwider. Er wurde mit der Mentalität dieses nach seiner Meinung rauen und im Essen und Trinken unmäßigen Volkes nicht warm. Tizian hat den jungen Fürsten 1551 in Augsburg porträtiert. Wie sein Vater war Philipp, als er König wurde, auf Geld aus Augsburg angewiesen, obwohl unter seiner Regierungszeit immer mehr Gold und Silber aus den amerikanischen Kolonien nach Spanien kam. Da der König ständig Krieg führte, brauchte er Unmengen an Geld. Anton Fugger lieh dem König, trotz immer größer werdenden Bedenken,

Kürass (Reiterharnisch) Karls V. für seinen Sohn Philipp II., Augsburger Plattnerarbeit von Desiderius Helmschmid

rechts: König Philipp II. in einem Kürass, von Tizian in Augsburg gemaltes Porträt

weiterhin Geld. Die fortwährend angespannte Finanzlage des Herrschers führte schließlich zu drei spanischen Staatsbankrotten in seiner Regierungszeit, 1557, 1575 und 1596. Für viele Augsburger Handelshäuser hatten diese Staatsbankrotte verheerende Folgen. Da die Augsburger Wirtschaft eng mit der spanischen Krone verflochten war, bedeuteten diese Staatsbankrotte den Ruin dutzender Augsburger Firmen, mit Mühe konnten sich die Fugger und die Rehlinger halten. Augsburg befand sich in einer Krisensituation, die sich allerdings dadurch entschärfte, dass neue Handelsfirmen gegründet wurden, die an die Stelle der ruinierten Betriebe traten. Die Stadt war mit einem blauen Auge davongekommen.

Philippine Welser, die bürgerliche Schwiegertochter
Kaiser Ferdinand I.

Der Legende nach soll auf dem oben bereits erwähnten Reichstag von 1550/1551 Erzherzog Ferdinand II. von Tirol (1529–1595), der zweitgeborene Sohn König Ferdinands I., die schöne Kaufmannstochter Philippine Welser (1527–1580) erblickt und sich sofort in sie verliebt haben. Heute geht man davon aus, dass sich die beiden erst einige Jahre später auf einem Fest in Böhmen zum ersten Mal getroffen haben. Obwohl der Standesunterschied der beiden nicht größer hätte sein können – Ferdinand war Neffe des Kaisers und Sohn des Königs, Philippine war Kaufmannstochter –, siegte die Liebe, die beiden wurden ein Paar. Allerdings mussten sie ihre Liebe über viele Jahre geheim halten. Die Kinder dieser Verbindung waren Karl, Markgraf von Burgau (1560–1618) und Andreas, Fürstbischof von Brixen und Kardinal (1558–1600).

Ferdinand und Philippine heirateten 1557 heimlich. König Ferdinand schäumte vor Wut und Zorn auf seinen Sohn, als er von der geheimen Verbindung mit der schönen Augsburgerin erfahren hatte, eine Prinzessin aus einer bedeutenden europäischen Adelsfamilie wäre ihm als Schwiegertochter lieber gewesen. Schließlich wurde die ungleiche Verbindung 1576 durch den Papst legalisiert. Erzherzog Ferdinand II. baute die alte Burg von Ambras bei Innsbruck zu einem prächtigen Renaissanceschloss um und schenkte es Philippine; sie wurde im Lauf der Jahre zu einer überaus

Erzherzog Ferdinand II. erblickt Philippine Welser am Fenster ihres Elternhauses. Gemälde, Giustiniano degli Avancini, 1825

beliebten Landesmutter in Tirol, für ihre Mildtätigkeit vom Volk oft gepriesen. Beide haben in der Innsbrucker Hofkirche ihre letzte Ruhestätte gefunden, allerdings liegen sie nicht als Ehepaar einträchtig nebeneinander begraben, sondern getrennt voneinander, Ferdinand auch mit dem prächtigeren Grabmal.

Übrigens: Philippine Welser war die Enkelin von Philipp Adler (1461–1532), dem nach Jakob Fugger reichsten Kaufmann im Augsburg dieser Zeit. In dessen Haus in der heutigen Maximilianstraße hatte Kaiser Maximilian I. während des Reichstages von 1500 gewohnt und sich von Philipp Adler viele tausend Gulden geliehen. Philippine wurde im Haus ihres Großvaters geboren, ihren Vornamen hat sie nach ihm. Das Schaezlerpalais in seiner Rokokopracht steht heute an der Stelle des Hauses, wo Philippine Welser das Licht der Welt erblickt hat.

Ferdinand, der Schwiegervater Philippine Welsers und nach der Abdankung seines Bruders Herrscher über das römisch-deutsche Reich, hielt, wie seine Vorgänger,

Philippine Welser, um 1557

ebenfalls Reichstage in Augsburg ab. Auf dem Reichstag 1558/1559 versuchte er, das verworrene Finanzsystem des Reiches zu ordnen und einheitliche Standards für das Münzwesen zu schaffen. Im Reich gab es die unterschiedlichsten Münzsorten, Fürsten und Reichsstädte ließen Münzen

Schloss Ambras in Tirol. Erzherzog Ferdinand II. baute die alte Burg von Ambras bei Innsbruck zu einem prächtigen Renaissanceschloss um und schenkte es seiner Frau Philippine Welser. Kupferstich von Matthäus Merian d. Ä.

mit unterschiedlichem Silbergehalt prägen. Dadurch war ein Wirrwarr entstanden, der dem Handel und der Wirtschaft der deutschen Territorien schadete. Ferdinand erließ in Augsburg eine Reichsmünzordnung, die das Chaos beseitigen sollte. Doch gegen die Partikularinteressen der Fürsten und Städte konnte sich Ferdinand nicht durchsetzen. Schon 1524 und 1551 war versucht worden, das Münzwesen im Reich zu ordnen, nun brachte auch der Reichstag von 1558/1559 in dieser Hinsicht keine zufriedenstellende Lösung.

Erzherzog Ferdinand II. von Tirol in einer Adlerrüstung aus Augsburg? Das Bildnis dürfte uns den Erzherzog etwa zu jener Zeit zeigen, als er im Januar 1557 Philippine Welser heiratete. Gemälde, Francesco Terzio, um 1557

Allmähliche Entfremdung
Kaiser Maximilian II.

Der älteste Sohn Ferdinands folgte seinem Vater nach dessen Tod 1564 als Kaiser Maximilian II. (1527–1576) im Herrscheramt nach. Die Goldene Bulle, eine Art Reichsgrundgesetz aus dem Jahr 1356, sah vor, dass jeder neue Herrscher im Reich seinen ersten Reichstag in Nürnberg abhalten sollte. Die große Reichsstadt in Franken, in der auch die Reichsinsignien wie Kaiserkrone, Heilige Lanze, Reichsschwert und Krönungsmantel aufbewahrt wurden, war neben Augsburg die bedeutendste Stadt in Süddeutschland und eine große Konkurrentin im Bereich des Handels und der Produktion von hochwertigen Waren aller Art und der Geldgeschäfte. Seit der Mitte des 16. Jahrhunderts hatte Augsburg Nürnberg aber in vielen Geschäftsbereichen überflügelt und lag in der Gunst der Herrscher vor der Frankenmetropole. Dies zeigt sich auch darin, dass Kaiser Maximilian II. den ersten Reichstag seiner Regierung 1566 nicht nach Nürnberg, wie

Maximilian II. mit seiner Gemahlin Maria von Spanien und den Kindern Anna, Rudolf und Ernst. Gemälde, Giuseppe Arcimboldo, um 1563 es Tradition war, einberief, sondern nach Augsburg.

Noch einmal entfaltete sich dort die ganze imperiale Pracht eines Reichstages. Gesandte aus ganz Europa waren nach Augsburg gekommen, um in politischen Gesprächen mit dem Kaiser und seinen Diplomaten die Geschicke des Reiches und Europas zu bestimmen. Ein Höhepunkt dieses Reichstages war die Belehnung Augusts von Sachsen (1526–1586) mit der Kurfürstenwürde auf dem Weinmarkt bei den Fuggerstadtpalästen am 23. April 1566. Auf diesem Reichstag bewilligten die deutschen Fürsten und Reichsstädte dem Kaiser Geld für einen Krieg gegen die Türken, der allerdings keine militärischen Erfolge brachte; die Bedrohung durch die Osmanen blieb bestehen.

Augsburger Reichstag 1566, Belehnung Augusts von Sachsen auf dem Weinmarkt vor dem Tanzhaus

Die Türken, die Kunst und das Geld
Kaiser Rudolf II.

Nach dem Tod Kaiser Maximilians II. ging die Herrschaft im Reich an dessen Sohn Rudolf (1552–1612) über. Dieser Habsburger war ein Mensch, der seinen Zeitgenossen Rätsel aufgab und bis heute als der „geheimnisvolle" Habsburger gilt, ein Sonderling auf dem Kaiserthron.

Der Kaiser war menschenscheu, litt unter Depressionen, war kunstvernarrt und lebte in seiner eigenen Welt.

Unter Kaiser Rudolf II. fand der letzte Augsburger Reichstag 1582 statt. Rudolf, der seit 1583 in Prag residierte, wollte zukünftige Reichstage nur noch in Regensburg abhalten, das er einfacher erreichen konnte. Auch wenn Augsburg durch diese Entscheidung nicht mehr Schauplatz prächtiger Feste und Treffpunkt der europäischen Diplomatie war, bedeutete das nicht, dass Augsburg für den Kaiser an reichspolitischer Bedeutung verloren hätte. Augsburg war immer noch der bedeutendste Finanzplatz des Reiches und daher von eminenter Bedeutung für die Politik des Kaisers, vor allem in der Zeit des sogenannten „Langen Türkenkrieges". Ein Vorgänger Rudolfs, sein Großvater König Ferdinand I., hatte ebenfalls einen Krieg gegen die Türken geführt und im Waffenstillstand von Konstantinopel 1547 zustimmen müssen, jedes Jahr die enorme Summe von 30.000 Dukaten an den türkischen Sultan zu bezahlen. Diese Summe setzte sich aus Geldzahlungen, aber auch aus Materiallieferungen zusammen, die

Kaiser Rudolf II. als Vertumnus, der Römische Gott der Jahreszeitenwechsel und des Pflanzenwachstums. Gemälde, Giuseppe Arcimboldo, 1591

„Türkenverehrungen" genannt wurden, also Geschenke an den Hof in Istanbul waren; man wollte im offiziellen Sprachgebrauch das Wort „Tribut" vermeiden. Die Türken waren vor allem an Goldschmiedearbeiten, Prunkuhren und feinmechanischen Präzisionsinstrumenten interessiert. Gefertigt wurden diese Spitzenprodukte des Kunsthandwerks zumeist in Augsburg, das sich im 16. Jahrhundert zur bedeutendsten Gold- und Silberschmiedestadt Mitteleuropas entwickelt hatte und auch Sitz hervorragender Präzisionsmechaniker war.

Kaiser Rudolf II. weigerte sich 1592, den jährlichen Tribut, den die deutschen Territorien aufzubringen hatten, zu bezahlen. Dies bedeutete Krieg mit den Türken. Von 1593 bis 1606 tobte dieser „Lange Türkenkrieg". Um den Krieg finanzieren zu können, war Kaiser Rudolf auf die finanzielle und militärische Unterstützung des deutschen Adels, der Geistlichkeit und der Reichsstädte angewiesen. Obwohl die deutschen Reichsstände dem Kaiser zur Heeresfolge verpflichtet waren, gestalte-

Zacharias Geizkofler, Reichspfenningmeister Rudolfs II. mit Dienstsitz im Augsburger Fuggerstadtpalast

ten sich die Verhandlungen mit den einzelnen Territorien sehr schwierig. Genial löste diese schwierige Aufgabe der aus Tiroler Adel stammende Zacharias Geizkofler (1560–1617), der von Rudolf mit dem Amt des „Reichspfennigmeisters" betraut worden war. Der Reichspfennigmeister, eine Art Finanzminister, hatte dafür zu sorgen, dass genügend Geld für die

Kriegsführung und genügend Proviant für die Soldaten vorhanden waren, eigentlich eine unlösbare, herkulische Aufgabe, aber Geizkofler enttäuschte den Kaiser nicht. Seinen Amtssitz hatte er natürlich in Augsburg, im Stadtpalast der Fugger, die große Summen zur Finanzierung des Krieges vorschossen und damit für Rudolf unverzichtbare Akteure in diesem langen Krieg waren. Auch in Augsburg wurden Söldner für diesen Krieg des Kaisers gegen die Türken angeworben. Hans (1531–1598) und Markus Fugger (1529–1597), die damals die Fuggerfirma leiteten, hatten aber nicht nur mit Rudolf, also der österreichischen Linie der „Casa d'Austria" zu tun, sondern auch mit dem spanischen Zweig, mit König Philipp II. Auch dieser brauchte Geld für seine Kriege und zwang die Fugger 1586, wieder in den Gewürzhandel mit Indien und Südostasien einzusteigen. Die Fugger hatten sich in dieser Zeit bereits weitgehend aus diesem hochriskanten Wirtschaftsfeld zurückgezogen, andere Augsburger Handelshäuser waren an ihre Stelle getreten. Da die Fugger aber immer noch das bedeutendste Handelshaus Augsburgs waren, nahm der spanische König sie in die Pflicht. Von 1586 bis 1591 waren die Fugger also wieder im Gewürzhandel aktiv, verdienten Geld damit und konnten so die Politik des spanischen Habsburgers finanzieren.

Der bedeutende französische Jurist und Philosoph Michel de Montaigne (1533–1592) hatte auf einer Reise durch Deutschland, die Schweiz und Italien im Jahr 1580 auch Augsburg besucht und in seinen Reisebeschreibungen vermerkt, dass Augsburg als die schönste Stadt Deutschlands gelten würde.

Wenige Jahre nach dem Besuch des berühmten Franzosen begann Augsburg mit einem Kunstprojekt, das die Stadt am Lech noch schöner machte, sie endgültig zu einer der schönsten Metropolen ihrer Zeit werden ließ. Die Augsburger Prachtbrunnen im Herzen der Stadt entstanden.

Der erste der Augsburger Prachtbrunnen verherrlicht den römischen Kaiser Augustus, den Gründer der Stadt. Geschaffen hat dieses staunenerregende Kunst-

Der Augustusbrunnen verherrlicht den Kaiser als Gründer der Stadt Augsburg (siehe auch Abb. S.2)

werk der Niederländer Hubert Gerhard (um 1550–1623) in den Jahren 1589–1594. Peter Wagner († 1595) war der Gießer der Brunnenfiguren. Gerhard war auf Vermittlung der Fugger vom herzoglichen Hof in München nach Augsburg gekommen. Sein Landsmann und Künstlerkollege Adriaen de Vries (1556–1626) kam 1596 nach Augsburg, um die beiden anderen Prachtbrunnen, den Merkurbrunnen und den Herkulesbrunnen, zu schaffen. De Vries war seit 1589 für Kaiser Rudolf II. in Prag tätig und ging 1596 für sechs Jahre nach Augsburg. Nach der Fertigstellung seiner beiden Prachtbrunnen, deren Gießer Wolfgang Neidhard (1575–1632) war, kehrte de Vries 1602 nach Prag an den kaiserlichen Hof zurück und wurde von Rudolf zum Kammerbildhauer ernannt. Er machte dort eine große Karriere und war auch für andere Potentaten tätig, so etwa für Albrecht von Wallenstein (1583–1634), den kaiserlichen Generalissimus.

Wenige Jahre nach der Entstehung der Prachtbrunnen plante Augsburg ein weiteres Monumentalprojekt, das von der Grö-

Kaiser Rudolfs II. Bronzebüste, Adriaen de Vries, 1603

ße, der Macht und der stolzen Vergangenheit der Stadt künden sollte, den Bau eines neuen Rathauses. Augsburg, das im 16. Jahrhundert ein Dutzend Reichstage in seinen Mauern gesehen hatte, war diesbe-

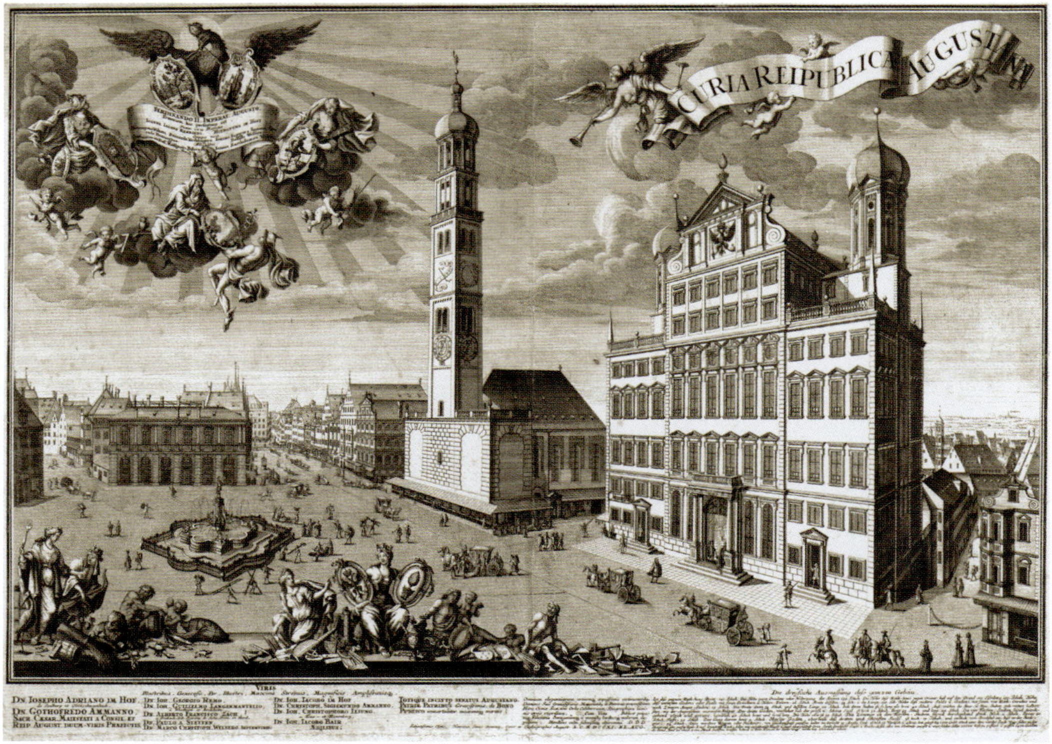

Mit dem prächtigen neuen Rathaus am Perlachplatz von Baumeister Elias Holl wollte die Stadt Augsburg ihre Größe und Bedeutung versinnbildlichen

züglich in der Zeit um 1600 in den Windschatten der kaiserlichen Politik geraten. Mit dem Bau des neuen Rathauses wollte die Stadt in Erinnerung rufen, welche Bedeutung sie in Wirtschaft, Politik und Kultur immer noch hatte. Das Rathaus wurde so groß angelegt, dass darin wieder Reichstagsverhandlungen hätten stattfinden können. In den vier Fürstenzimmern hätten die politischen Gremien des Reiches Platz zum Verhandeln haben sollen. Der Goldene Saal war mit einer derartigen Pracht ausgestattet, dass er jedem Kaiser als Ort der Herrschaftsausübung zur Ehre

links: Baumeister Elias Holl als Architekt des Augsburger Rathauses

rechts: Kaiser Maximilian I. Fresko im Goldenen Saal des neuen Rathauses

gereichte. Elias Holl (1573–1646), der Architekt des Rathauses, hatte sich bei dem Riesenbau an italienischen Vorbildern orientiert, so dass sich der Besucher in Florenz oder Venedig wähnt, betritt er das Augsburger Rathaus. Nach der Zerstörung im Zweiten Weltkrieg wurden das Rathaus und der Goldene Saal nach erhaltenen Plänen und Abbildungen originalgetreu wiederhergestellt.

Natürlich vergaß die Stadt beim Rathaus nicht darauf hinzuweisen, welch enges Verhältnis sie immer zu den Kaisern besessen hatte, ja, dass sie eine kaiserliche Gründung war. Im Goldenen Saal stehen Porträts antiker Herrscher an der Nordwand den Kaisern des römisch-deutschen Reiches an der Südwand gegenüber, und natürlich sind dort auch Kaiser aus der Dynastie der Habsburger dargestellt, Maximilian I. und Karl V. Gemalt hat die Kaiserporträts Johann Matthias Kager (1575–1634), seit 1615 Augsburger Stadtmaler.

Die betrangte Stadt Augspurg.

Wann der günstige Leser wissen wil / was diese zwey ungeheure Thier bedeuten / so kan er das 13. Cap. der offenbarung Johannis fleissig besehen: darinn durch das sibenköpffichte Thier die beschaffenheit deß Papsts zu Rom vnd seiner München vnd Pfaffen abgebildet: durch das ander Thier aber insonderheit / die in disem seculo erst ersprungene Sect vñ gesellschafft bezeichnet worden / welche sich von dem Namen deß Lambs (JEsu) benennet / vnd alle Macht thut deß ersten Thiers / das ist / sich richtet nach der weise deß Antichrists / vnd demselben die Wunden heilet / verstehe durch allerley Griff das Papsthumb / so viel müglich / bestärcket / wie auch grosse streich von Zeichen vnnd Wundern fürgibt / als ob sie das Fewer vom Himmel bringen / vnd Berg versetzen köndten / gestallt man in den Lügenden von den Wunderzeichen Lojolæ, Francisci Xaverij vnd anderer der lenge nach liset.

Nun haben sich diese zwey Thier / nach dem sie vieler anderer Particular Kirchen im Teutschland sich bemächtiget / auch gemacht an die Evangelische Gemeine zu Augspurg / vnd endlichen im Monat Augusto deß 1629. Jahrs / das verhängnuß bekommen / die Evangelische Kirchen vnd Schuldiener abzusetzen / vnd an derselben Stelle jhre Brut hinein zuspeyen.

Dannenhero diese / so bald sie in der Stadt auff die Füsse kommen / sich der Kirchen vnd Schulen der Evangelischen angemasset / die Bibliothecam occupirt, vnnd allgemach die daselbst der reinen Religion zugethane Burger grossen theils biß zum Exilio vnnd Elend tribuliret vnd gepresst/ɾc. vnnd hätte man von der lieben Stadt Augspurg billich sagen kösten: jhre Widersacher schweben empor / vnd jhren Feinden gehets wol. Thren. 1. versz. 5. die Widerwertigen brüllen in den Häusern Gottes vnd setzen jhre Götzen darein. Psal. 74. versz. 4. Sie reissen den Grund vmb / was soll der Gerechte außrichten / Ps. 11. versz. 3. Sie sagen / vnsere Zung soll überhand haben / vns gebüret zu reden. Psal. 12. versz. 5.

Gedruckt im Jahr 1632.

Die im Dreißigjährigen Krieg durch die gewaltsame Rekatholisierung Kaiser Ferdinands II. bedrängte Stadt Augsburg

Im Würgegriff der Intoleranz
Kaiser Ferdinand II.

Als der Rathausbau 1620 fertiggestellt war, herrschte im Reich Kaiser Ferdinand II. (1578–1637), ebenfalls ein Habsburger. Der neue Kaiser hielt 1621 einen prächtigen Einzug in Augsburg und bestätigte der Reichsstadt all ihre Freiheiten und Privilegien. Kaiser Ferdinand war im Reich gefürchtet als Protestantenhasser. Sein Regierungsantritt als König von Böhmen, das damals in weiten Teilen des Adels, der Bürger und Bauern nicht katholisch war, hatte 1618 den Prager Fenstersturz ausgelöst, mit dem der Dreißigjährige Krieg begann. Für ganz Mitteleuropa war dieser Krieg eine fürchterliche Katastrophe, für Augsburg sollte dieser Krieg allerdings ganz besonders einschneidende Folgen haben.

Als die katholischen Truppen unter Tilly (1559–1632) und Wallenstein 1629 die wichtigsten evangelischen Fürsten und Städte besiegt hatten, gingen Kaiser Ferdinand II. und der Augsburger Fürstbischof Heinrich V. von Knöringen (1570–1646) daran, Augsburg, das für die evangelischen Christen des Reiches eine so große Bedeutung hatte, gewaltsam zum katholischen Glauben zurückzuführen. Unter spitzfindigen juristischen Vorwänden begann 1629 die Zerschlagung der evangelischen Strukturen der Reichsstadt Augsburg. Die Geistlichkeit wurde vertrieben, evangelische Angestellte der Stadt, darunter auch Elias Holl, der Architekt des Rathauses und anderer prächtiger Gebäude, wurden entlassen, evangelische Ratsmitglieder wurden aus dem Rat ausgeschlossen. Bis 1632

Kaiser Ferdinand II. als Feldherr in schwarzem Harnisch.
Gemälde, Georg Pachmann, um 1635

war die Rekatholisierung Augsburgs abgeschlossen und jegliches öffentliche evangelische Leben verboten und beendet.

Im April 1632 nahm König Gustav Adolf von Schweden (1594–1632), der 1630 in Deutschland mit seinen Truppen gelandet war und als siegreicher Feldherr bis nach Süddeutschland vorrückte, Augsburg kampflos ein, die kaiserlichen Truppen rückten aus Augsburg ab, ohne die Stadt für den Kaiser verteidigt zu haben.

Der Schwedenkönig entfernte noch 1632 alle katholischen Mandatsträger und Stadträte aus ihren Ämtern und Verpflichtungen. Augsburg war wieder eine evangelische Stadt geworden. Nach der Niederlage der Schweden bei Nördlingen im September 1634 belagerte eine kaiserlich-bayerische Armee Augsburg, 1635 kapitulierte die evangelische Stadt und wurde wieder gewaltsam rekatholisiert.

Erst 1648, nach 30 Jahren Krieg und den Friedensverträgen von Münster und Osnabrück, konnten beide Religionsparteien, die Katholiken und die Evangelischen, durch Garantien unter anderem von Kaiser Ferdinand III. (1608–1657), natürlich einem Habsburger, und der schwedischen Königin Christina (1626–1689) ihren Glauben in der Stadt wieder frei ausüben.

König Gustav Adolf als Feldherr vor der Stadt Augsburg. Ölgemälde zur Erinnerung an die Eroberung der Stadt im Jahr 1632

Letzte Blüte
Diplomatie, Geld und Kriege

Augsburg hatte im Dreißigjährigen Krieg Schreckliches durchgemacht. Hatte die Stadt zu Beginn des Krieges 1618 etwas mehr als 40.000 Einwohner, waren es am Ende des Krieges 1648 noch 12.000. Hunger, Pest und andere Folgen des Krieges hatten Augsburg an den Rand des Untergangs gebracht. Was allerdings durch den furchtbaren Krieg nicht besonders gelitten hatte, war die Bedeutung Augsburgs als Stadt des Geldes und als Stadt der habsburgischen Politik.

Auch nach dem verheerenden Krieg blieb Augsburg für die Habsburger in Politik und Finanzgeschäften wichtig. So wurde Ferdinand IV. (1633–1654) im Mai 1653 in der Kirche des Reichsstiftes zum römisch-deutschen König gewählt. Er sollte seinem Vater Ferdinand III. im Kaiseramt nachfolgen. Doch der plötzliche Tod des jungen Königs 1654 noch zu Lebzeiten seines Vaters machte diese Hoffnung zunichte und stürzte das Reich in eine große Krise. Kaiser Ferdinand III. starb im April 1657. Erst nach langen, schwierigen Verhandlungen mit Frankreich und den Kurfürsten wurde Leopold (1640–1705), ein anderer Sohn Ferdinands III., am 17. Juli 1658 in Frankfurt zum römisch-deutschen Kaiser gewählt. Auf seiner Reise von Frankfurt in seine Residenzstadt Wien machte der neue Kaiser im August 1658 für einige Tage Station in Augsburg, wo ihm der Rat der Stadt und die Bürgerschaft huldigten.

Die Kriege, die Kaiser Leopold I. gegen die Türken und die Franzosen führen musste, machten Augsburg wieder zu einem Ort kaiserlicher Diplomatie. Im Juli 1686 wurde in Augsburg die so genannte „Augsburger Allianz" geschlossen. In diesem Bündnis verpflichteten sich das Heilige Römische Reich, Spanien, Schweden, Bayern und die Mitglieder des fränkischen und schwäbischen Reichskreises, einander gegen die Expansionsbestrebungen Frankreichs beizustehen. 1688 brach der Pfälzische Erbfolgekrieg (1688–1697) aus, der auch „Krieg der Augsburger Allianz" genannt wird. Französische Truppen drangen sengend und mordend in das Reich ein, die Pfalz wurde vollkommen verwüstet. Wegen der Kriegsgefahr, die der

Krönungsstadt Frankfurt durch französische Truppen drohte, fand die Krönung der dritten Gemahlin Leopolds I., Eleonore Magdalena von Pfalz-Neuburg (1655–1720), zur Kaiserin nicht in der alten Kaiserstadt am Main, sondern am 19. Januar 1690 im Augsburger Dom statt. Im Beisein der wichtigsten Fürsten des Reiches gab es im Rathaus ein Festbankett. Wenige Tage später, am 24. Januar 1690, wurde der älteste Sohn Leopolds, der spätere Kaiser Joseph I. (1678–1711) in der Sakristei von

links: Huldigung vor Kaiser Leopold I. durch die Stadt Augsburg

rechts: Geldverteilung bei der Wahl Josephs I. zum römischen König 1690

St. Ulrich zum römisch-deutschen König gewählt und zwei Tage später im Augsburger Dom gekrönt. Zahlreiche Kupferstiche und die Prägung von Gedenkmünzen erinnerten an diese bedeutenden Anlässe in Augsburg.

Nach dem Tod des letzten spanischen Habsburgers Karl II. (1661–1700) brach 1701 der Spanische Erbfolgekrieg (1701–1714) aus. Frankreich und die Kurfürstentümer Bayern und Köln standen einem Bündnis aus den meisten Reichsständen, England, den Niederlanden und Habsburg gegenüber. Die Habsburger konnten in diesem Konflikt Augsburg nicht schützen. Nach einem verheerenden Bombardement, das den Norden der Stadt in Schutt und Asche legte, eroberten bayerische und französische Truppen im Dezember 1703 Augsburg. Die Stadt verlor ihre politische Unabhängigkeit und wurde zu einer bayerischen Provinzstadt, von den Bayern finanziell ausgepresst wie eine Zitrone. Wenige Monate später, am 13. August 1704, erlebten die bayerisch-französischen Truppen gegen die verbündeten Truppen

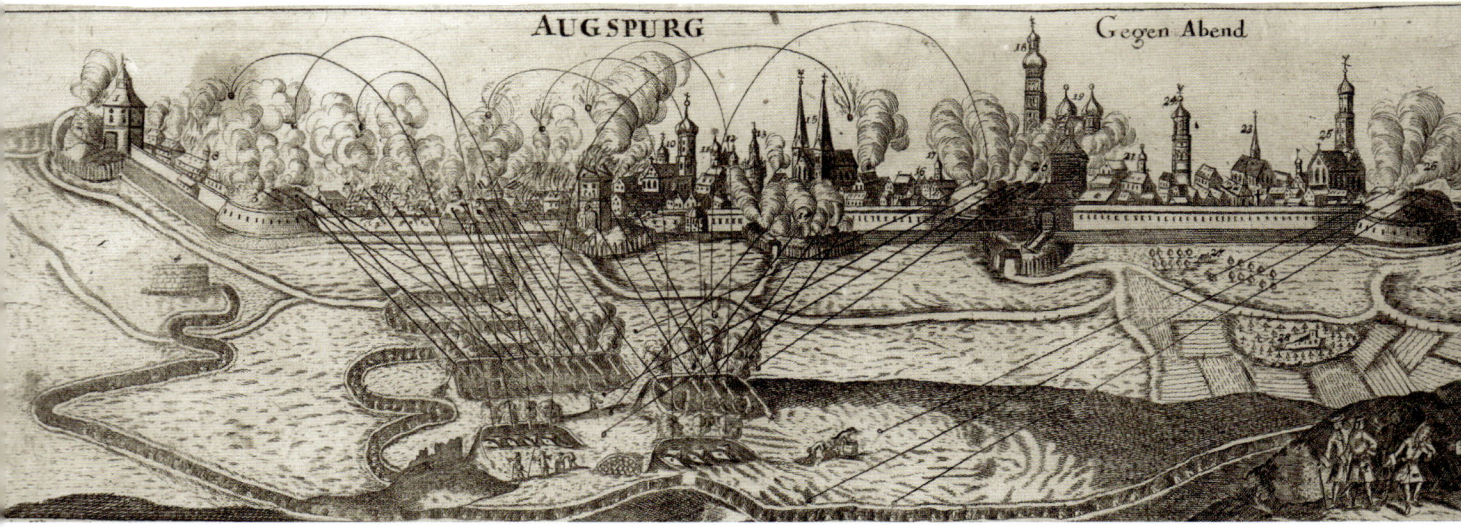

Belagerung Augsburgs durch die Bayern und Franzosen im Spanischen Erbfolgekrieg 1703

des Prinzen Eugen (1663–1736) und John Churchills (1650–1722) in der Schlacht bei Höchstädt eine vernichtende Niederlage. Die bayerisch-französische Besatzung musste aus Augsburg abziehen, Augsburg erlangte seine Freiheit wieder. Nach dem Ende des Spanischen Erbfolgekrieges 1714 brach im Herbst 1715 ein weiterer Krieg gegen die Türken aus, der bis 1718 dauerte und mit einem Sieg der Habsburger und der Eroberung Belgrads durch Prinz Eugen den Habsburgern Gebietsgewinne auf dem Balkan brachte. Die Augsburger Bankiersfirma Rad und Hößlin übernahm dabei weitgehend die Kosten für die Verproviantierung und Ausrüstung des kaiserlichen Heeres. Auch im Polnischen Erbfolgekrieg 1733 bis 1735 übernahm die Firma Rad und Hößlin die Versorgung der kaiserlichen Armee, was mit der ungeheuren Summe von 4,7 Millionen Gulden zu Buche schlug. Zum Vergleich: Ein Handwerksgeselle in Augsburg verdiente in dieser Zeit ca. 20–25 Gulden im Jahr. Da die Finanzverantwortlichen des Kaisers mit der Rückzahlung der enormen Summe an die Augsburger Kaufleute immer wieder im Verzug waren, brach die traditionsreiche Firma 1741 schließlich unter der Last der Schulden zusammen.

Im Heiligen Römischen Reich gab es eine verwirrende Vielfalt an Münzen, und selbst die Standardwährung im Süden des Reiches, der Gulden, wies, je nach Territorium, Unterschiede im Silbergehalt auf, so dass auch hier keine einheitlichen Verhältnisse herrschten. Auf Veranlassung Kaiserin Maria Theresias (1717–1780) fand 1753 in Augsburg ein Treffen wichtiger Finanzexperten aus Bayern und Österreich statt,

Prinz Eugen von Savoyen als Feldherr. Gemälde, Johann Gottfried Auerbach zugeschrieben, um 1725

das als Ergebnis die Münzkonvention von 1753 brachte, in der beide Territorien eine Harmonisierung ihrer Währungen erreichen. Andere süddeutsche Territorien schlossen sich der Augsburger Münzkonvention an. Ein Ergebnis dieser Augsburger Verhandlungen war die Prägung des so genannten Maria-Theresia-Talers, der in vielen europäischen und außereuropäischen Ländern als Zahlungsmittel akzeptiert wurde. Diese besondere Münze sollte für Augsburg noch eine große Bedeutung erlangen.

Seit 1756 tobte der Krieg zwischen Kaiserin Maria Theresia und dem preußischen König Friedrich II. (1712–1786) samt ihren Verbündeten. Durch einen allgemeinen Friedenskongress sollte 1761 dem Morden ein Ende gesetzt werden. Zur Freude der geschäftstüchtigen Schwaben war Augsburg von der internationalen Diplomatie als Veranstaltungsort des Kongresses vorgesehen. Zum ersten Mal seit dem 16. Jahrhundert, als der Name der Reichsstadt durch die großartigen Reichstage dieser Zeit europaweit bekannt gemacht worden war, bot sich wieder die Gelegenheit, in den Mittelpunkt des internationalen Geschehens zu rücken und auf sich aufmerksam zu machen. Im Sommer 1761 trafen die ersten diplomatischen Delegationen ein, Feste und Empfänge wurden gegeben, die Ehrengarde der Stadtwache begrüßte in nagelneuen Uniformen die adeligen Diplomaten aus aller Herren Länder. Im August 1761 traf auch der Venezianer Giacomo Casanova (1725–1798) als Gesandter des portugiesischen Königs in Augsburg ein. Mittlerweile ließen einige unerfüllbare Verhandlungsbedingungen des Preußenkönigs den geplanten Augsburger Friedenskongress platzen. Augsburg sah sich um die Hoffnung betrogen, zum Abschluss des Kongresses noch einmal die gekrönten Häupter Europas in seinen Mauern zu sehen. Der Krieg dauerte

Maria-Theresia-Taler aus der Prägestätte Günzburg, 1797–1802

Der Handel verbindet die Erdteile, in der Mitte Merkur, Deckenfresko im Festsaal des Schaezlerpalais. Fresko, Gregorio Gulielmi, 1767

Prinzessin Marie Antoinette beim Ball, Huldigung der Augsburger Gesellschaft, April 1770 im Festsaal des Schaezlerpalais

noch bis zum Jahr 1763 an und ist als Siebenjähriger Krieg in die Geschichte eingegangen.

Der oben erwähnte Maria-Theresia-Taler wurde ein großer Erfolg, er war überall in Europa und sogar in den Ländern der Levante im Umlauf. Dem Augsburger Bankier und Silberhändler Benedikt Adam Liebert von Liebenhofen (1731–1810) gelang es, zusammen mit zwei anderen Augsburger Geldhäusern, 1769 ein Monopol zur Prägung des Talers in den Münzprägestätten zu Günzburg, das damals habsburgisch war, und Hall in Tirol zu erreichen. Liebert von Liebenhofen hatte es schon vor diesem geschäftlichen Erfolg durch

Kaiser Josephs II. Gipsbüste, Franz Xaver Messerschmidt, um 1772

Geschäftsverbindungen unter anderem zu Maria Theresia zu Reichtum und Ansehen gebracht. 1763 war er in den Reichsritterstand erhoben worden, seit 1765 ließ er ein überaus prächtiges Rokokopalais erbauen, das seinen Erfolg und seinen Aufstieg jedermann vor Augen führen sollte. Seine Erhebung in den Freiherrenstand 1770 war ein weiterer Meilenstein in seiner Karriere. Der erfolgreiche Kaufmann platzte beinahe vor Stolz, als er am 28. April 1770 Maria Antonia (1755–1793), eine Tochter der Kaiserin Maria Theresia, in seinem frisch fertiggestellten Palais empfangen durfte. Die Prinzessin machte in Augsburg Station auf ihrer Brautfahrt nach Frankreich, wo sie König Ludwig XVI. (1754–1793) heiraten sollte und zur Königin Marie Antoinette wurde. Das königliche Paar fand in den Revolutionswirren 1793 ein schreckliches Ende durch die Guillotine.

Als Kaiser Joseph II. (1741–1790) im Jahr 1777 Augsburg besuchte, ließ es sich der an allem Modernen interessierte Kaiser nicht nehmen, neben dem üblichen Besichtigungsprogramm auch der Schüleschen Kattunfabrik einen Besuch abzustatten. Augsburg war seit dem späten Mittelalter ein bedeutender Ort der Textilherstellung, der Textilveredelung und des Textilhandels gewesen. Auch im 18. Jahrhundert hatte sich daran wenig geändert. Johann Heinrich von Schüle (1720–1811) war ein besonders erfolgreicher Textilfabrikant, der den Jahren 1770–1772 ein schlossartiges Manufakturgebäude errichten ließ. 1772 wurde er in den Adelsstand erhoben. Allein in Augsburg beschäftigte Schüle 350

Schülesche Kattunfabrik. Radierung, Johann Michael Frey, um 1810

Menschen, im Umland von Augsburg waren es mehr als 3000.

Auch Kaiser Franz II. (1768–1835) besuchte 1792 anlässlich eines Augsburgaufenthaltes die Schülesche Kattunfabrik. Der Einzug des Kaisers 1792 war eine letzte Manifestation kaiserlicher Machtdarstellung und Pracht, andere Zeiten kündigten sich an.

In Frankreich war 1789 die Revolution ausgebrochen, die die damalige Welt grundlegend verändern sollte. Es kam zum Krieg zwischen Frankreich und den konservativen Mächten des Kontinents. Auch Schwaben und Augsburg wurden Opfer des Kriegsgeschehens. Der französische General Moreau rückte mit seinen Truppen im August 1796 in Augsburg ein. Die Franzosen schienen unbesiegbar zu sein. Doch dem jungen Erzherzog Karl von Österreich (1771–1847) gelang es, die Franzosen 1796 zu schlagen und bis an den Rhein zurückzudrängen. Die Augsburger errichteten dem siegreichen Feldherrn, der 1796 mit seinen Truppen auch in Augsburg war, als Dank für die Befreiung von den Franzosen 1802 ein Denkmal, das im Augsburger Stadtteil Spickel bis heute zu sehen ist.

Im August 1806 endete die über 800jährige Geschichte des Alten Reiches, Kaiser Franz II. legte am 6. August die Kaiserkro-

Denkmal für Erzherzog Karl, „Dem Sieger über die französischen Revolutionsarmeen 1796–1799", am Spickel in Augsburg

Huldigung Kaiser Maximilians I. durch Konrad Peutinger und die Familie Fugger, Fresko am Fuggerstadtpalast in Augsburg, 1944 zerstört

ne nieder. Schon einige Monate vorher war das Ende der alten Reichsstadt Augsburg besiegelt worden. Durch seinen Sieg in der Schlacht von Austerlitz am 2. Dezember 1805 war Kaiser Napoleon (1769–1821) zum mächtigsten Herrscher Europas geworden. Er ordnete die deutsche und europäische Landkarte neu.

Schon 1802/03 hatten durch den Reichsdeputationshauptschluss zahlreiche deutsche Territorien ihre Unabhängigkeit verloren und waren von größeren Territorien übernommen worden. So hatten auch das Hochstift Augsburg und das Reichsstift St. Ulrich und Afra 1802/03 ihr politisches Ende gefunden und waren unter der Reichsstadt Augsburg und dem Kurfürstentum Bayern aufgeteilt worden. Jetzt, 1805, traf es auch die Reichsstadt Augsburg. Durch den Frieden von Preßburg vom 26. Dezember 1805 verlor die Stadt ihre politische Selbständigkeit und fiel 1806 an das von Napoleon geschaffene Königreich Bayern.

Der bronzene Doppeladler im Giebelfeld der Westfassade des Augsburger Rathauses, Symbol für das Haus Habsburg und die jahrhundertelange Reichsfreiheit Augsburgs, wurde von den neuen Herren in den Staub heruntergeworfen und eingeschmolzen. Möglichst wenig sollte ab jetzt an die Tradition Augsburgs als Reichsstadt

Maria Gräfin Larisch. Rechts neben ihr: Mary Vetsera, die Geliebte des Kronprinzen Rudolf, die kurz darauf mit dem Prinzen in den Tod ging

und die enge Anbindung an Habsburg erinnern.
Doch es gelang den Wittelsbachern nicht, die Erinnerung an die reichsstädtische Zeit in Augsburg auszumerzen, ganz im Gegenteil. Ein Beispiel dafür waren die Fresken, die der berühmte, aus Schwabmünchen stammende Maler Ferdinand Wagner (1819–1881) an der Fassade des Fuggerstadtpalastes an der heutigen Maximilianstraße in den Jahren von 1860 bis 1863 geschaffen hatte. Im Auftrag Fürst Leopold Fuggers (1827–1885) stellte Wagner bedeutende Ereignisse aus der reichsstädtischen Geschichte Augsburgs dar, darunter auch die Huldigung Kaiser Maximilians I. durch Konrad Peutinger und der Familie Fugger auf dem Reichstag 1517.
Wagners Fresken sind bei der Bombardierung Augsburgs 1944 verloren gegangen, aber auf alten Ansichten erhalten.

Zu den traurigen Kapiteln des Hauses Habsburg gehört der Tod des Kronprinzen Rudolf (1858–1889) und seiner jungen Geliebten Baroness Mary von Vetsera (1871–1889) auf Schloss Mayerling 1889. Verstrickt in das tragische Geschehen war die aus Augsburg stammende Gräfin Marie Larisch von Moennich (1858–1940). Sie war die Tochter des bayerischen Adeligen Ludwig in Bayern (1831–1920) und der Schauspielerin Henriette Mendel (1833–1891). Herzog Ludwig in Bayern war der älteste Bruder der späteren österreichischen Kaiserin Elisabeth (1837–1898), genannt „Sisi". Marie Larisch von Moennich war eine enge Vertraute von Kaiserin Elisabeth, ihrer Tante. Nach einem bewegten Leben, das sie für einige Jahre auch nach Amerika führte, verstarb die Gräfin verarmt und fast vergessen 1940 in Augsburg, wo sie seit 1929 wieder gelebt hatte.

Steinernes Reiterdenkmal Kaiser Maximilians I. von Georg Albertshofer, Augsburg, Steingasse

Geht man heute mit für die Stadtgeschichte offen Augen durch Augsburg, sieht man eine Vielzahl von Gedenktafeln, Standbildern, Gemälden und anderen Ausdrucksformen künstlerischer Gestaltung, die an die enge Verbindung zwischen Augsburg und Habsburg erinnern. Sogar sein Reiterdenkmal hat Kaiser Maximilian I., der „Bürgermeister von Augsburg" noch bekommen, allerdings erst fast 400 Jahre nach seinem Tod. Im Auftrag des Stadtrates schuf der in München tätige Bildhauer Georg Albrechtshofer (1864–1933) in den Jahren 1912/13 ein Reiterstandbild Kaiser Maximilians I., das an einem Neubau an der Ecke Steingasse/Annastraße angebracht wurde. Und schließlich erinnert die Prachtstraße Augsburgs, die Maximilianstraße, an den großen Habsburgerkaiser, der im 16. Jahrhundert gerne in Augsburg weilte und die Künstler der Stadt für sein „Gedechtnus", sein Andenken, einsetzte. Allerdings war bis zum Jahr 1957 der erste Wittelsbacher König Maximilian I. Joseph (1756–1825) der Widmungsträger, erst im genannten Jahr wurde die Straße nach dem Kaiser benannt. Praktisch für die Anwohner: Die Briefköpfe und die Adresse mussten nicht geändert werden, ein geniales Beispiel echt schwäbischer Sparsamkeit und Effizienz.

Dass auch das Haus Habsburg sich an seine Verbindungen zu Augsburg erinnert, zeigt der Besuch SKH Erzherzog Markus von Habsburg-Lothringen 2015 in Augsburg, wo er bei der Enthüllung einer Gedenktafel in der Kirche Evangelisch-Heilig-Kreuz zugegen war. Die Gedenktafel erinnert daran, dass die Kirche in den Jahren 1800 und 1805 als Kriegsgefangenenlager für österreichische Soldaten in den Kriegen gegen Frankreich gedient hatte.

Vom Andenken nicht nur an Kaiser Maximilian I. und an Kaiser Karl V., sondern auch an die über Jahrhunderte überaus engen Beziehungen zwischen Augsburg und dem Haus Habsburg berichtet dieses Buch. Vieles in Augsburg erinnert bis heute an dieses für beide Seiten wichtige Verhältnis.

Zeittafel

1273
Rudolf I. wird deutscher König

1276
Augsburger Stadtrechtsbuch

1282
Hoftag Rudolfs I. in Augsburg

1438/1439
König Albrecht II.

1440
Friedrich III. wird deutscher König

1456
Silbergeschäft der Meuting mit Sigismund von Tirol

1459
Geburt von Jakob Fugger und Maximilian I.

1462
Friedrich III. in Rom zum Kaiser gekrönt

1473
Kaiser Friedrich III. in Augsburg

1493
Maximilian I. folgt als König auf Friedrich III.

1502
Tod von Georg Gossembrot

1503
Philipp der Schöne in Augsburg

1507
Maximilian I. kauft ein Haus in Augsburg

1514
Bau des „Alten Einlasses"

1518
Letzter Reichstag Maximilians in Augsburg

1519
Tod Kaiser Maximilians I., Wahl Karls V. zum römisch-deutschen König

1525
Tod Jakob Fuggers

1527
Geburt Philippine Welsers

1528
Venezuela wird den Welsern übergeben

1530
Kaiserkrönung Karls V. in Bologna, Confessio Augustana

1547/1548
Geharnischter Reichstag

1551
Tizian porträtiert Philipp II.

1555/1556
Abdankung Kaiser Karls V.

1557
Erster spanischer Staatsbankrott

1557
Erzherzog Ferdinand II. und Philippine Welser heiraten

1558/1559
Reichstag Ferdinands I. in Augsburg

1566
Reichstag Maximilians II. in Augsburg

1582
Letzter Reichstag in Augsburg unter Kaiser Rudolf II.

1593–1606
Langer Türkenkrieg

1615
Beginn des Rathausneubaues

1618–1648
Dreißigjähriger Krieg

1686
Augsburger Allianz

1690
Krönung Josephs I. zum König

1703
Besetzung Augsburgs durch bayerisch-französische Truppen

1704
Schlacht bei Höchstädt

1733–1735
Polnischer Erbfolgekrieg

1753
Augsburger Münzkonvention

1761
Augsburger Friedenskongress

1770
Marie Antoinette in Augsburg

1777
Besuch Kaiser Josephs II. in Augsburg

1792
Kaiser Franz II. in Augsburg

1796
Erzherzog Karl in Augsburg

1802
Errichtung eines Denkmals für Erzherzog Karl

1806
Augsburg wird bayerisch

1858
Gräfin Maria von Larisch in Augsburg geboren

1912/1913
Reiterdenkmal Maximilians I.

1957
Maximilianstraße wird nach Kaiser Maximilian I. benannt

2015
SKH Erzherzog Markus in Augsburg

Wichtige „Habsburger-Orte" in Augsburg

Domkirche Mariae Heimsuchung
Frauentorstr. 1: In der St. Wolfgangskapelle wird in einem Gemälde aus dem Jahr 1554 von Christoph Amberger Kaiser Maximilian I. mit verschiedenen Augsburger Stadtheiligen in der Predella dargestellt.

Rathaus
Rathausplatz 2: Im Goldenen Saal sind an der Südwand die Kaiser Karl V. und Maximilian I. in Freskomalerei zu sehen.

Maximilianmuseum
Fuggerplatz 1: Im Maximilianmuseum, dem Stadtmuseum Augsburgs, gibt es zahlreiche Exponate, die auf die enge Verbindung zwischen Augsburg und Habsburg hinweisen. Die Außenfassade des Museums ist mit Tondi geschmückt, die Habsburger Herrscher zeigen, darunter Maximilian I. und Karl V. Das Motto Karls V. „Plus ultra" ist in einem Relief mit dem Doppeladler dargestellt.

St. Ulrich und Afra
Ulrichsplatz 23: In dieser ehemaligen Benediktinerklosterkirche weilte Kaiser Maximilian I. oft. Drei großformatige Gemälde aus dem 17. Jahrhundert im Chor der Kirche und einer Seitenkapelle erinnern an die Beziehungen des Kaisers zu dieser prächtigen spätgotischen Kirche.

Fuggerstadtpalast
Maximilianstraße 36–38: In diesem Gebäudekomplex, den Jakob Fugger von 1512 bis 1515 errichten ließ, logierten die Habsburger Herrscher auf den Reichstagen ab 1547/48 bis 1582.

Schaezlerpalais
Maximilianstraße 46: Im Vorgängerbau des heutigen Rokokopalais, der um 1500 Philipp Adler gehörte, nahm Kaiser Maximilian I. im Jahr 1500 Aufenthalt. Philippine Welser wurde im Haus Philipp Adlers 1527 geboren.

Patrizierhaus
Maximilianstraße 57: Ehemals Residenz der Familie Egen, die dort 1442 König Friedrich III. beherbergte.

Peutingerhaus
Peutingerstraße 11: In diesem Haus lebte lange Jahre Konrad Peutinger, einflussreicher Rat Kaiser Maximilians I. Martin Luther war hier im Okt. 1518 Gast Peutingers.

Dominikanerkirche St. Magdalena
Dominikanergasse 15: In dieser ehemaligen Kirche sind die vier „gulden Stain" zu bewundern, die Kaiser Maximilian I. zu seinem Ruhm und dem Ruhm seiner Nachkommen errichten ließ.

Weiterführende Literatur

Welt im Umbruch. Augsburg zwischen Renaissance und Barock, 3 Bde., Augsburg 1980.

Gunther Gottlieb u.a. (Hg.): Geschichte der Stadt Augsburg von der Römerzeit bis zur Gegenwart, 2. Aufl., Stuttgart 1985.

Richard Reifenscheid: Die Habsburger. Von Rudolf I. bis Karl I., Wien 1994.

Wolfgang Zorn: Augsburg. Geschichte einer europäischen Stadt, 4. Aufl., Augsburg 2001.

Brigitte Hamann: Die Habsburger, ein biografisches Lexikon, Wien-München 2001.

Wolfgang Wallenta: Katholische Konfessionalisierung in Augsburg 1546 bis 1648, Hamburg 2003.

Karin Schneider-Ferber: Philippine Welser. Die schöne Augsburgerin im Hause Habsburg, Regensburg 2016.

Maximilian I. 1459–1519, Kaiser – Ritter – Bürger zu Augsburg, hg. von Heidrun Lange Krach, Regensburg 2019.

Wolfgang Wallenta: Kaiser Maximilian I. und Augsburg, in: Augsburger Zeiten. Zeitschrift für Kunst & Kultur, 20. Jahrgang, Marktoberdorf 2019, S. 8–11.

Wolfgang Wallenta: Kaiser Maximilian I. und Jakob Fugger, in: Maximilian I. Aufbruch in die Neuzeit, hg. von Monika Frenzel u.a., Innsbruck 2019, S. 91–95.

Dank

Das vorliegende Büchlein hätte ohne die Unterstützung vieler Institutionen und am Thema interessierter Menschen nicht geschrieben werden können.

Die Kurt und Felicitas Viermetz Stiftung hat durch eine großzügige Autorenförderung die Entstehung des Textes unterstützt, hierfür danke ich herzlich.

Die Kunstsammlungen und Museen Augsburg haben das Projekt ebenfalls unterstützt. Hier möchte ich besonders Herrn Dr. Christoph Nicht, dem Leiter der Grafischen Sammlung, danken, ebenso dem Leiter der Kunstsammlungen Herrn Dr. Christof Trepesch, Herrn Dr. Christoph Emmendörffer sowie Frau Dr. Heidrun Lange-Krach und Frau Sarah Klein.

Auch den Mitarbeiterinnen der Staats- und Stadtbibliothek Augsburg sowie dem Stadtarchiv Augsburg sei hier herzlich gedankt. Herr Martin Kluger, Leiter des context-Verlages, hat das Projekt ebenfalls maßgeblich unterstützt, ebenso Herr Götz Beck von der Regio Augsburg Tourismus GmbH. Auch hierfür danke ich herzlich.

Danken möchte ich auch folgenden Personen, die das Buchprojekt in seinen verschiedenen Phasen begleitet haben und mir mit Rat und Tat zur Seite gestanden sind: Frau Gudrun Nelle, Herrn Ernst Weidl, Frau Christine Hartmann, Herrn Christian Kreikle, Frau Melanie Petrak, Herrn Martin Sauter, Frau Shuanglin Bohm sowie Herrn Franz Häußler.

Dank gebührt ebenfalls: Herrn Dr. Markus Würmseher, Frau Dr. Monika Frenzel/Innsbruck, Herrn Pfarrer Andreas Ratz, Herrn PD Dr. Michael Philipp, Frau Barbara Kieninger, Frau Julia Wallenta B.A., Frau Hanne Weise, Herrn Josef Gschwind, Frau Marietta Gunne, Herrn Herbert Gairhos, Frau Rosemarie Kranzfelder-Poth sowie Herrn Bernhard Ehrhart/Lauingen.

Der meiste Dank allerdings gebührt Herrn Dr. Christoph Konrad, dem Verleger des Anton H. Konrad Verlags in Weißenhorn. Herrn Dr. Christoph Konrad ist es mit seiner gewohnt professionellen Arbeit, seinem nimmermüden Eifer und seiner umsichtigen, klugen Art gelungen, aus meiner Idee, ein Buch zum Thema „Augsburg–Habsburg" zu schreiben, ein überaus schönes Büchlein zu machen. Dafür danke ich ihm herzlich.

Wolfgang Wallenta/Augsburg

Reiter mit Augsburger
Standarte aus dem Jahr
1457

www.konrad-verlag.de